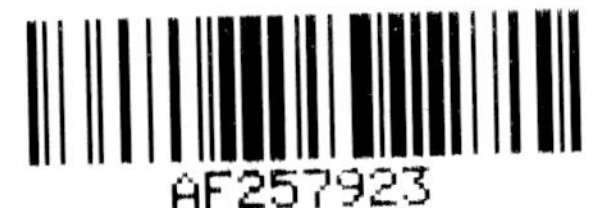

100 Animales De La Granja

Para colorear

Dibujos para niños
de 3 a 6 años de edad

PRIMEROS PASOS

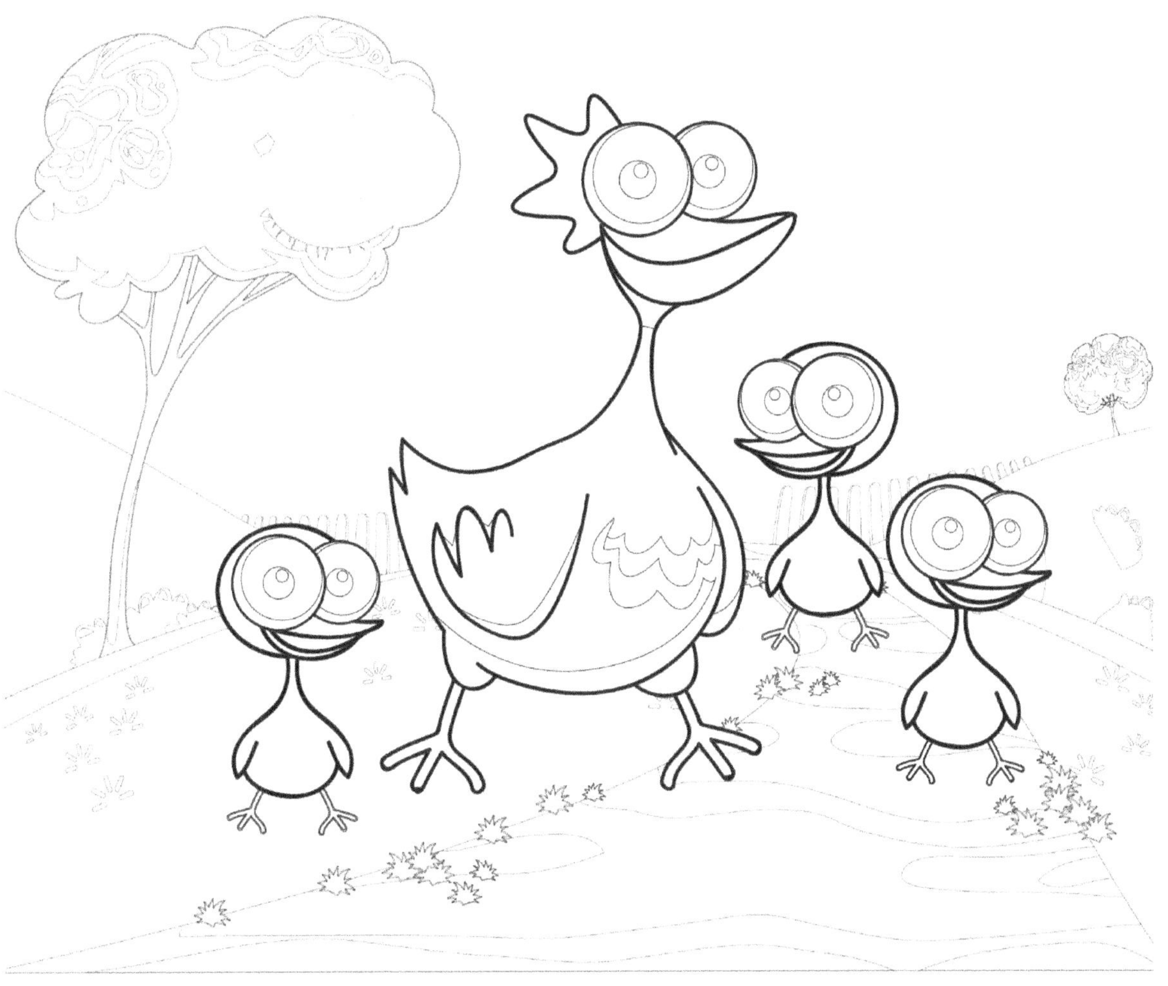

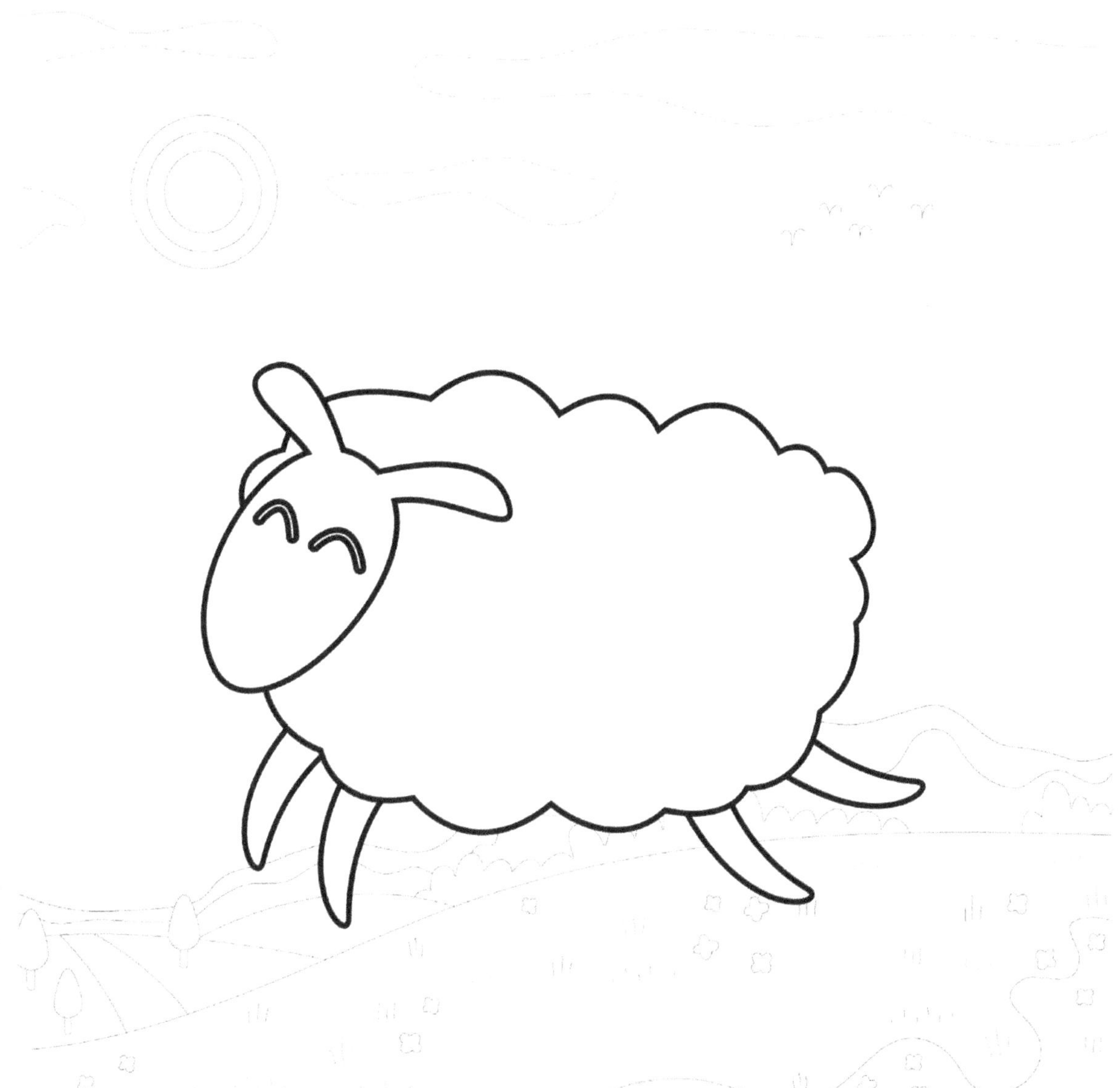

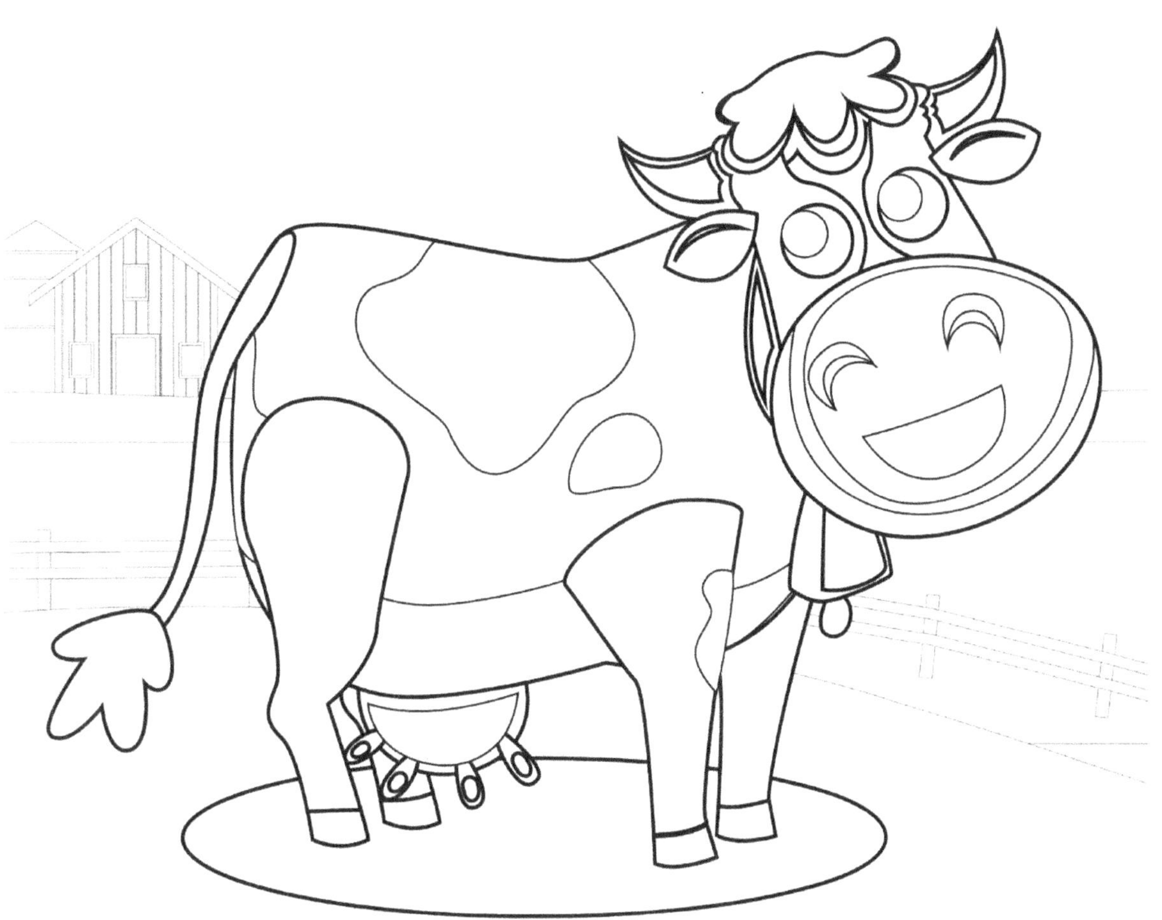

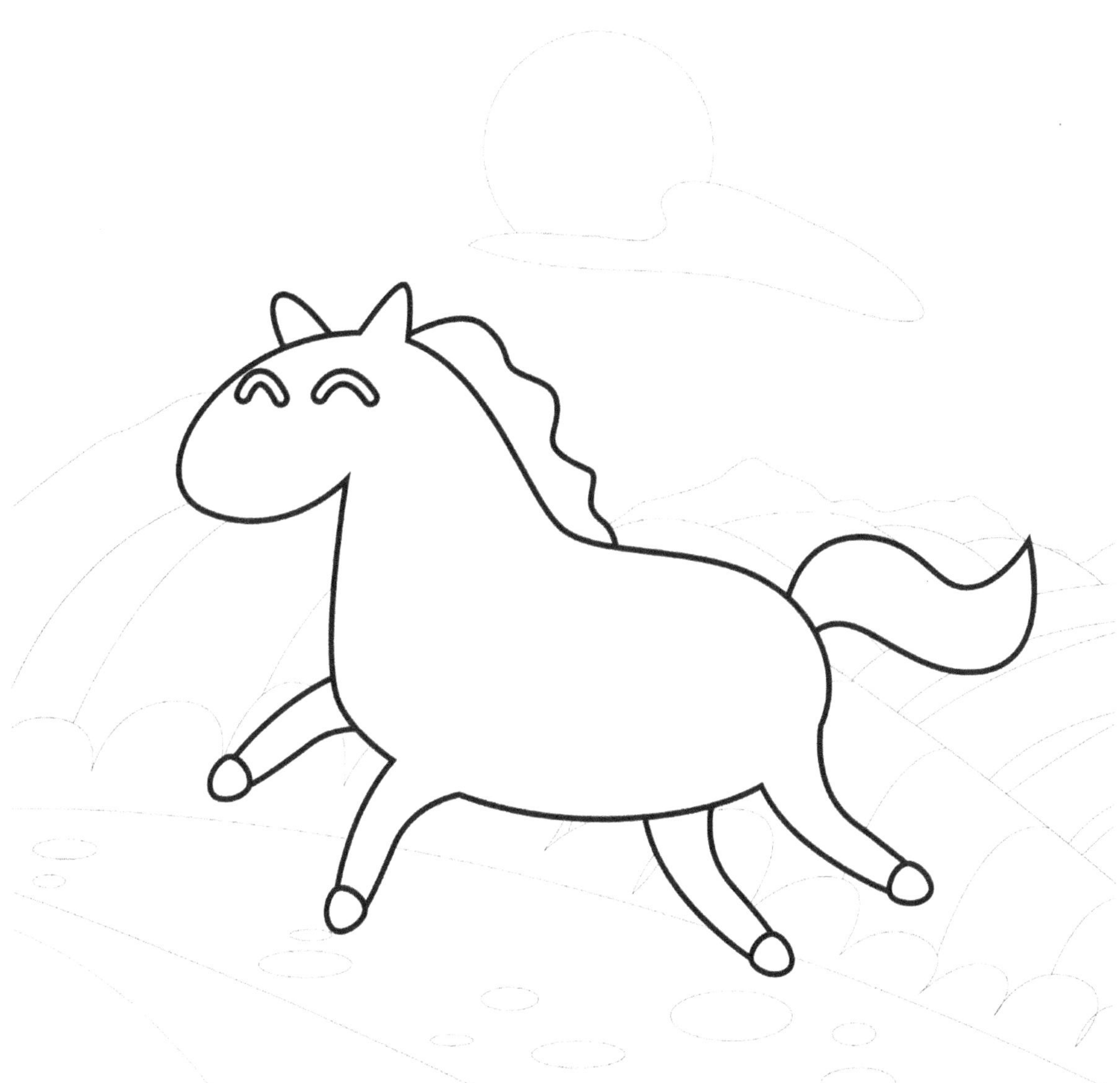

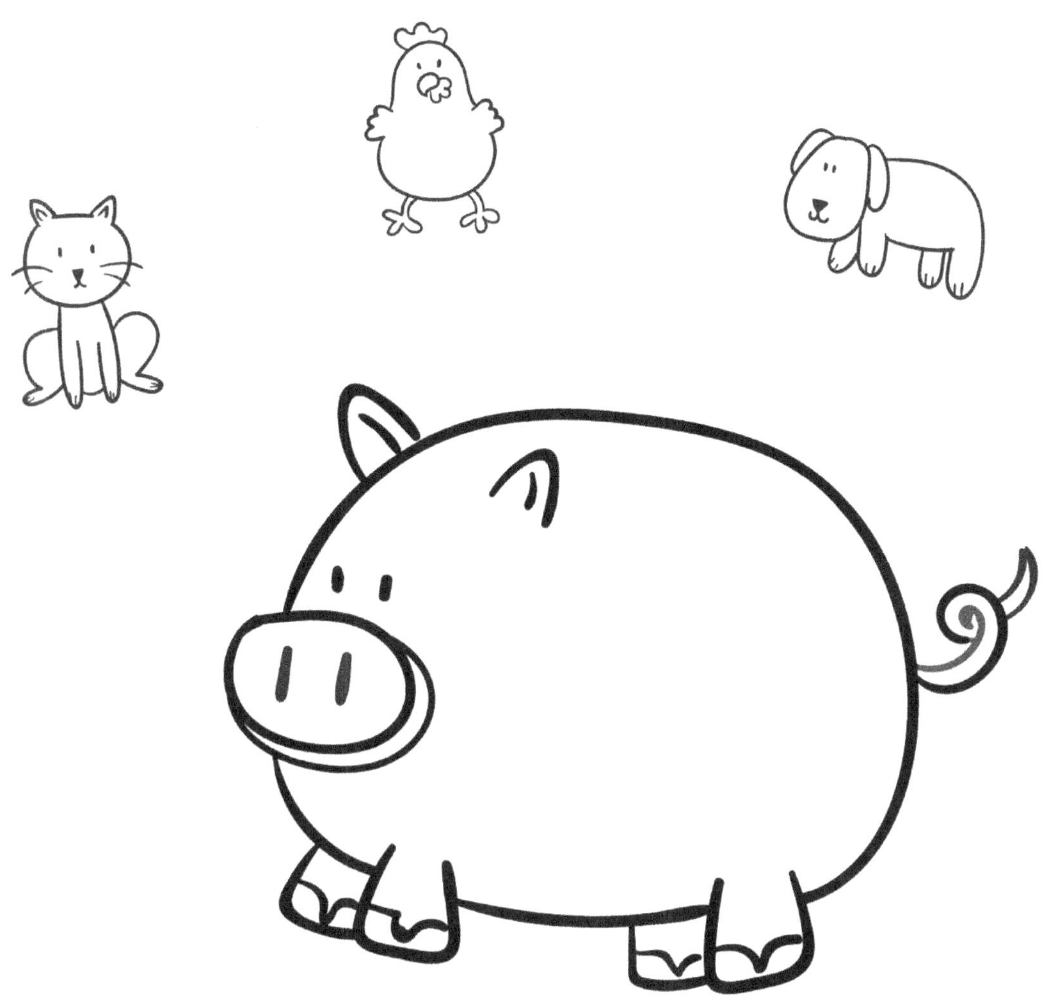

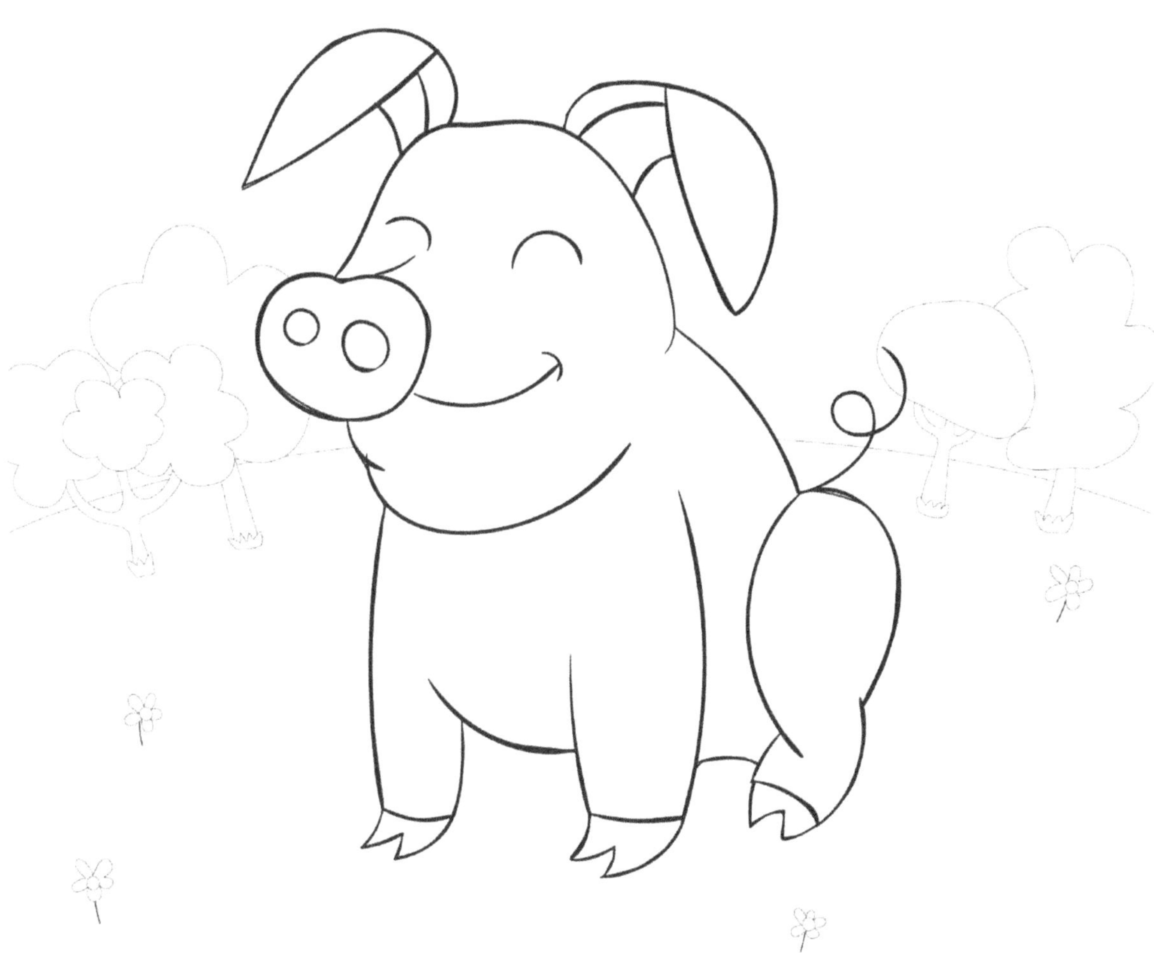

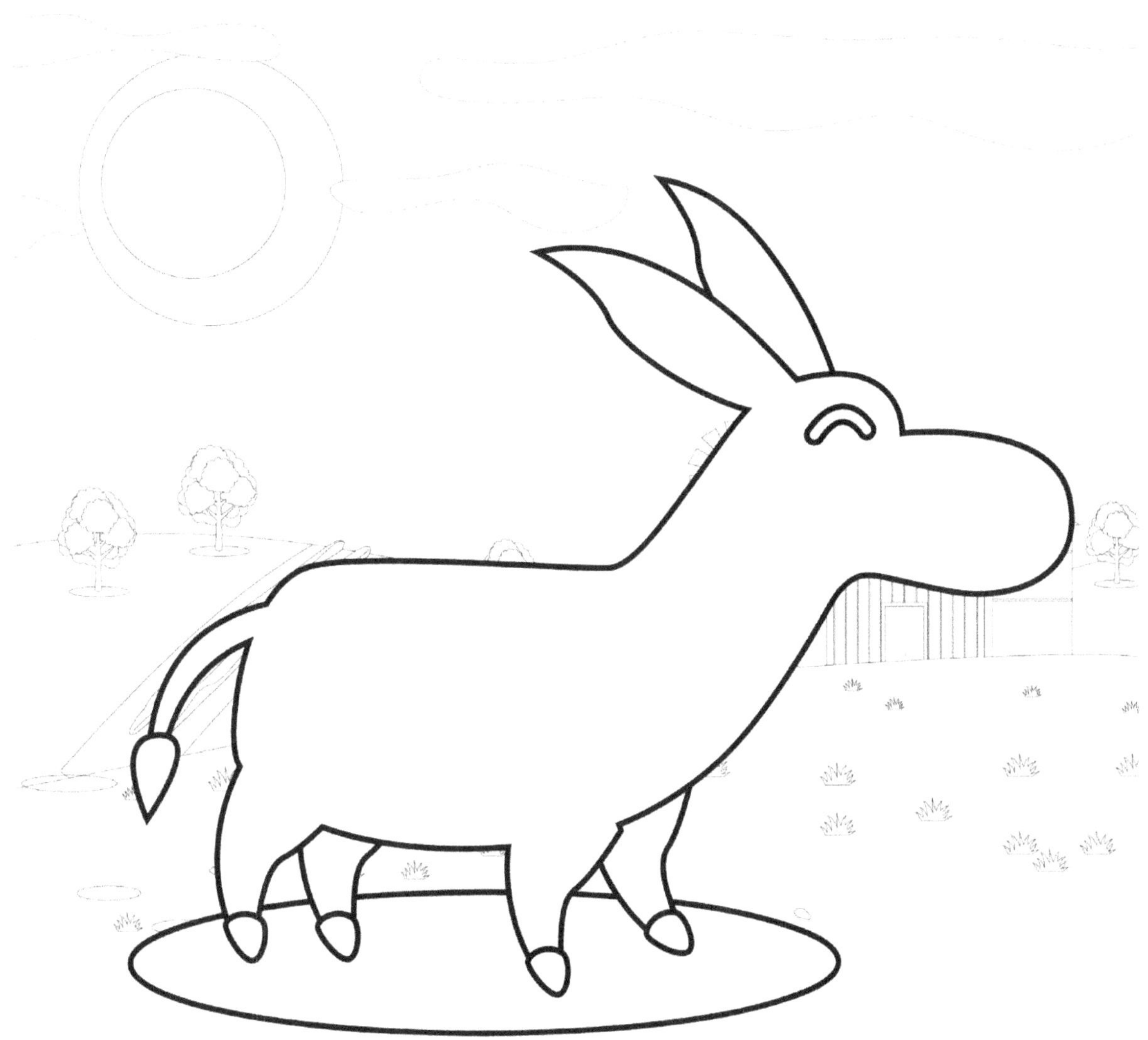

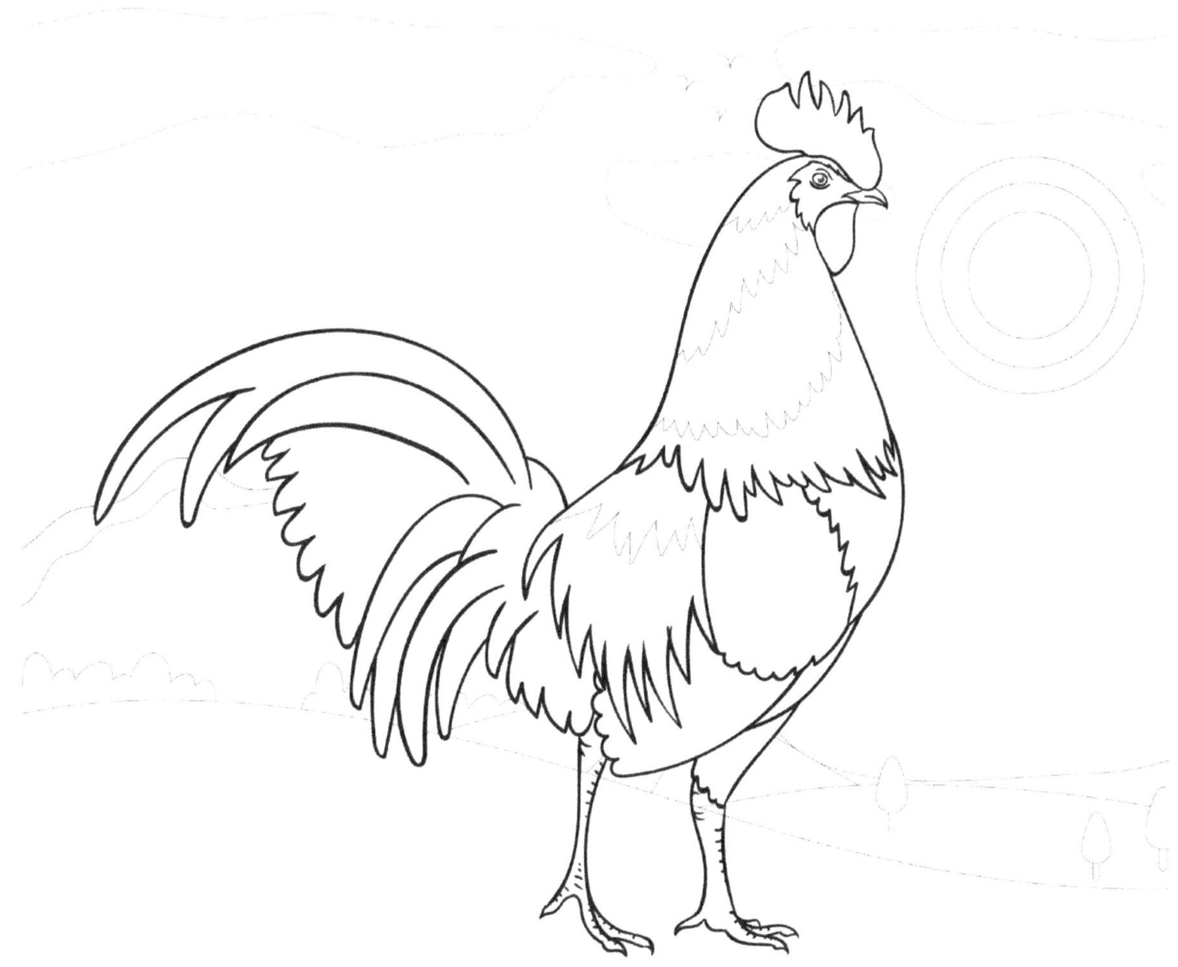

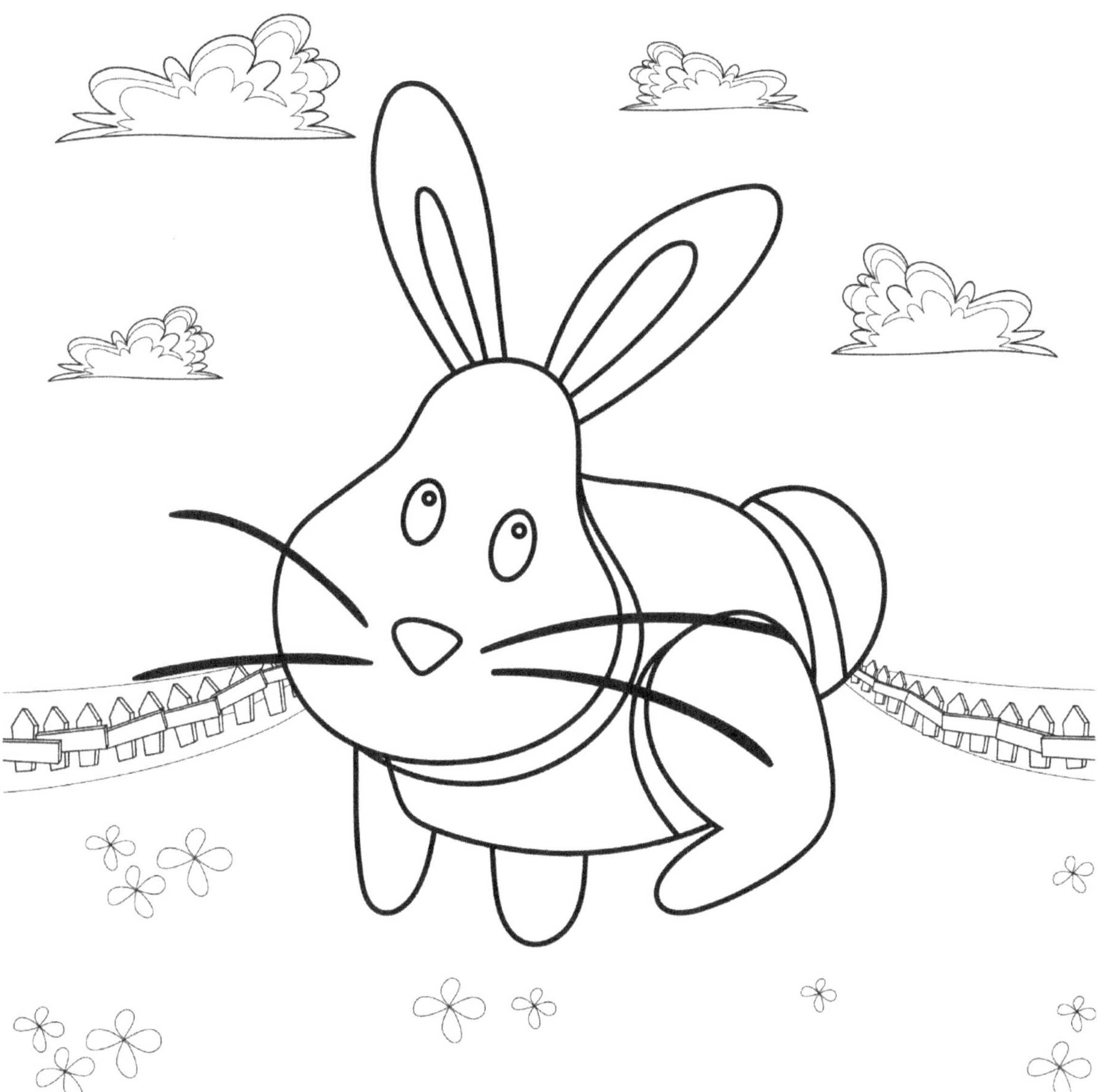

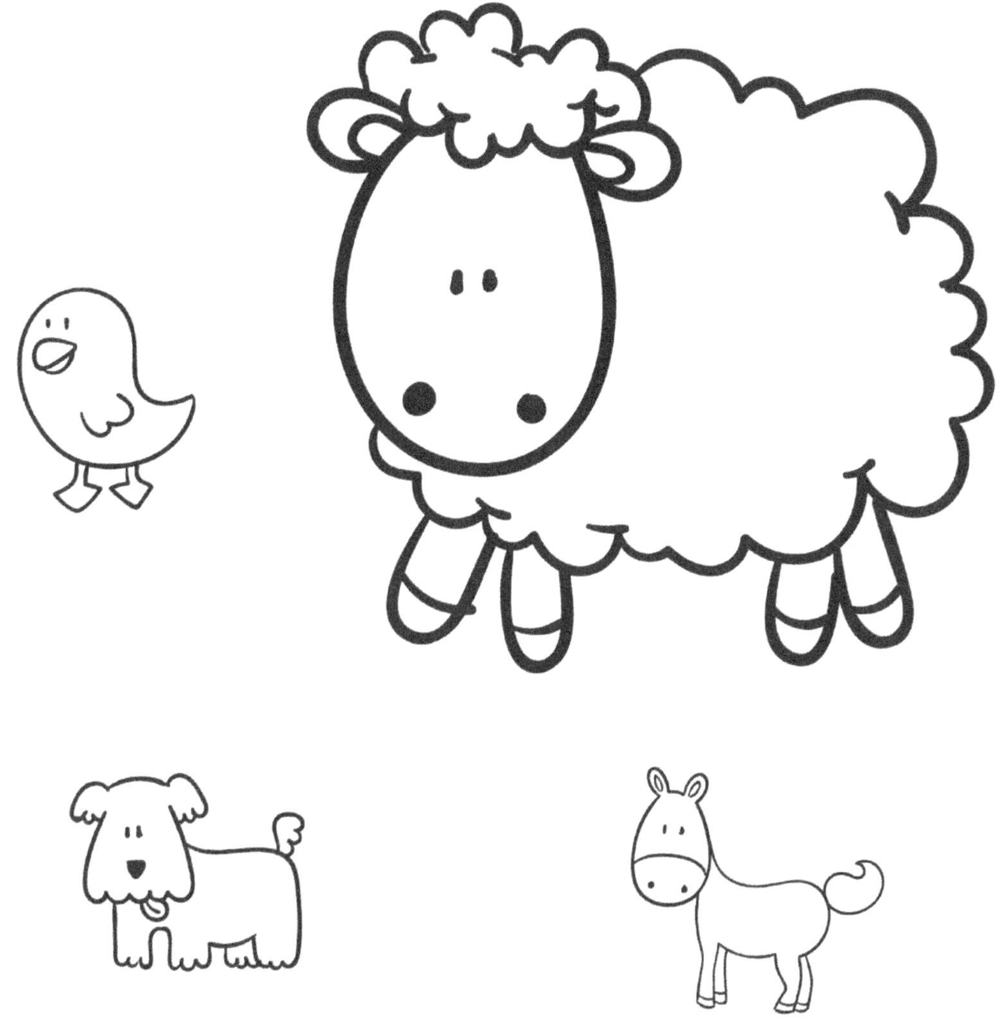

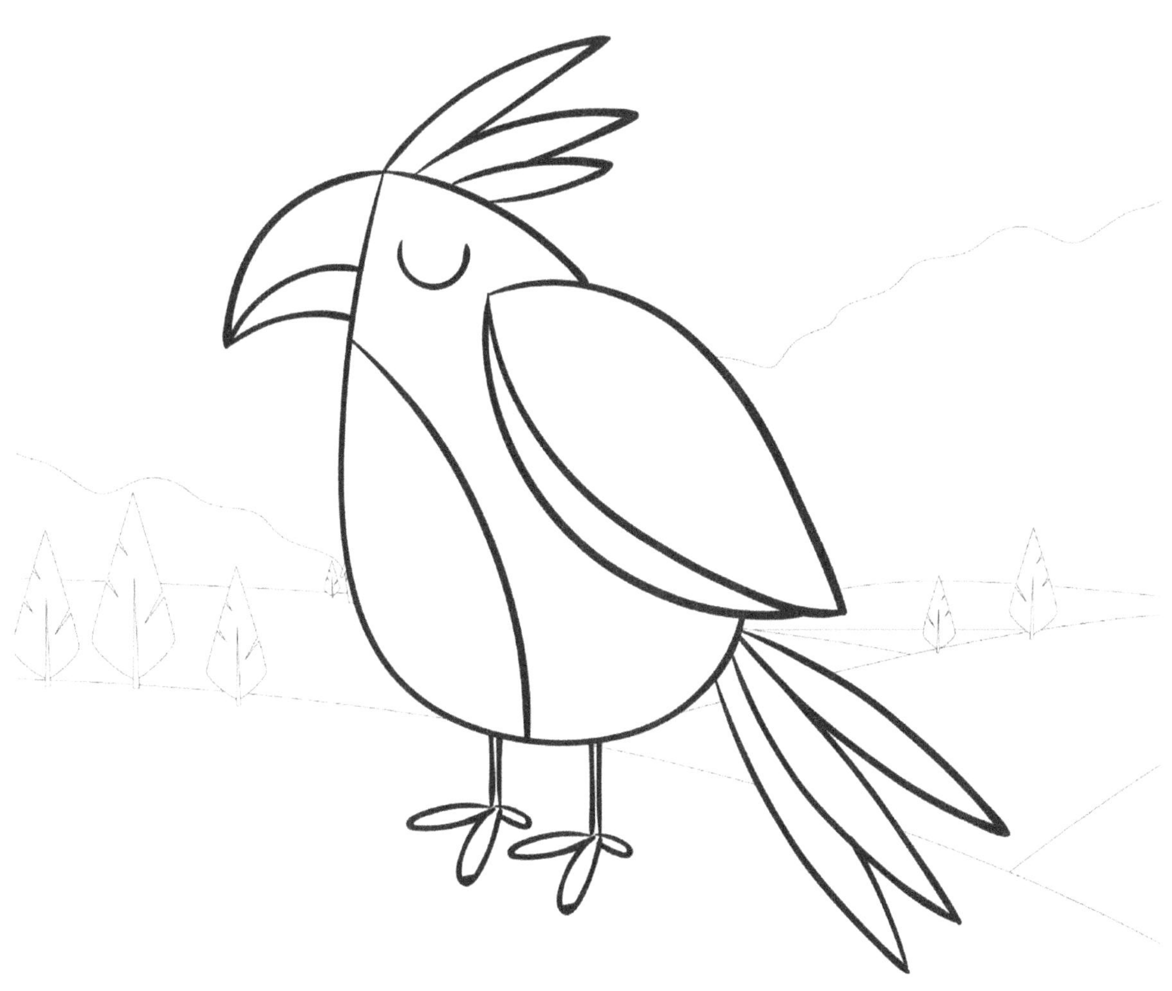

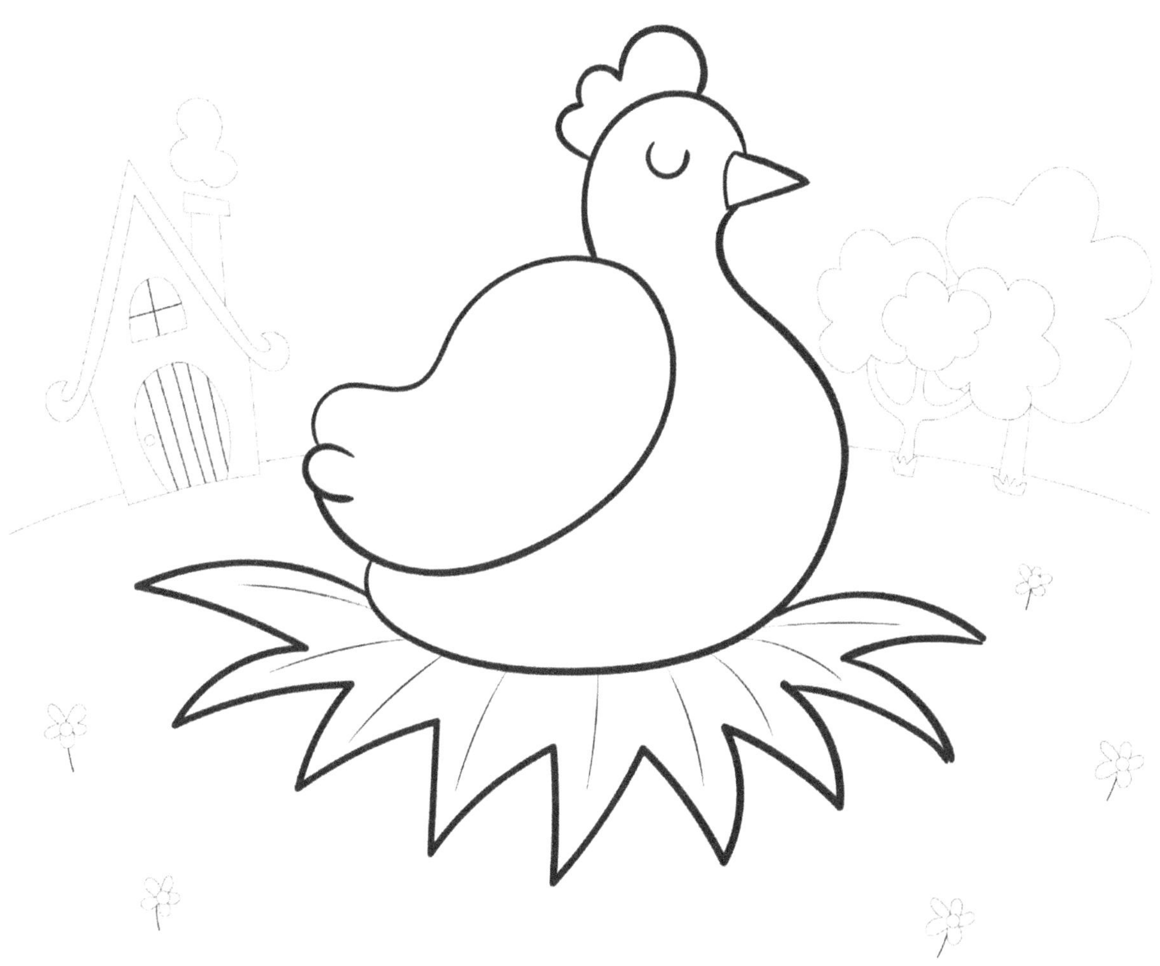

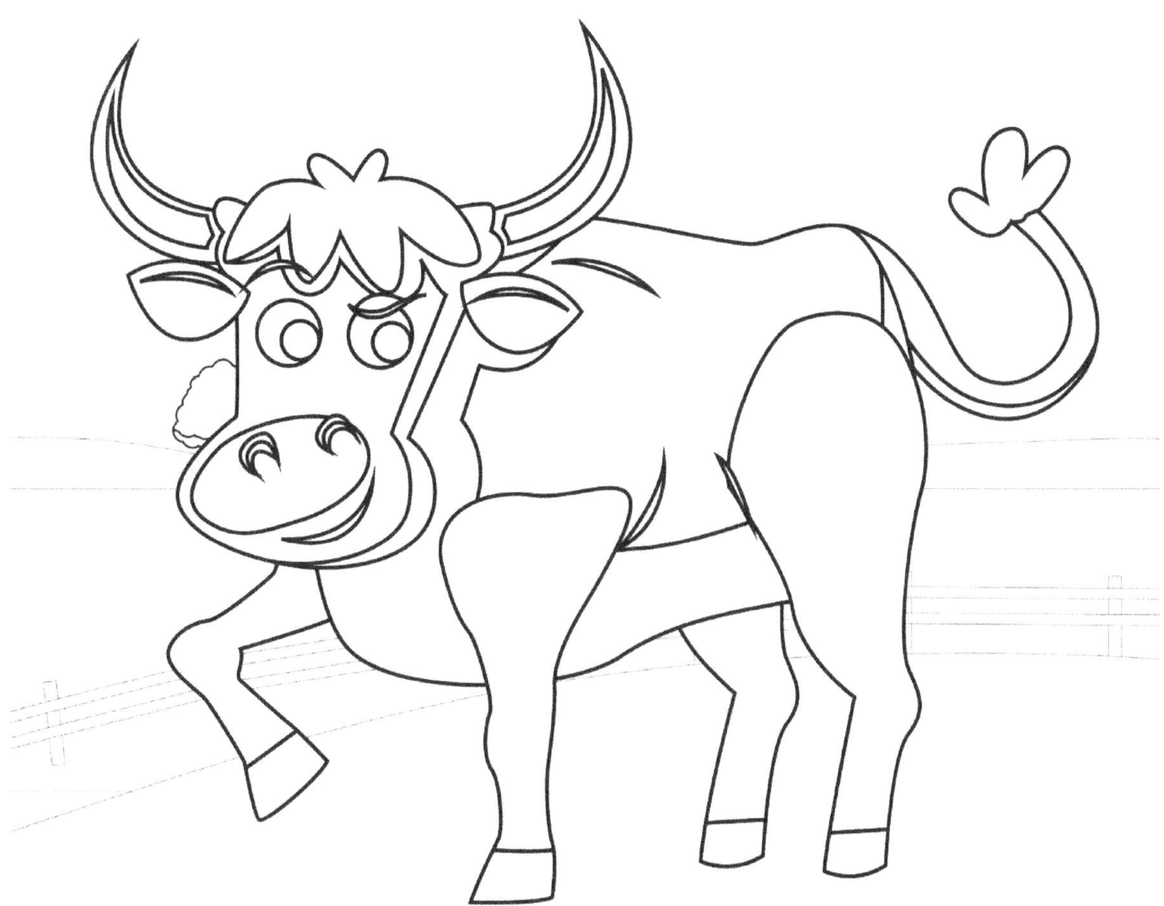

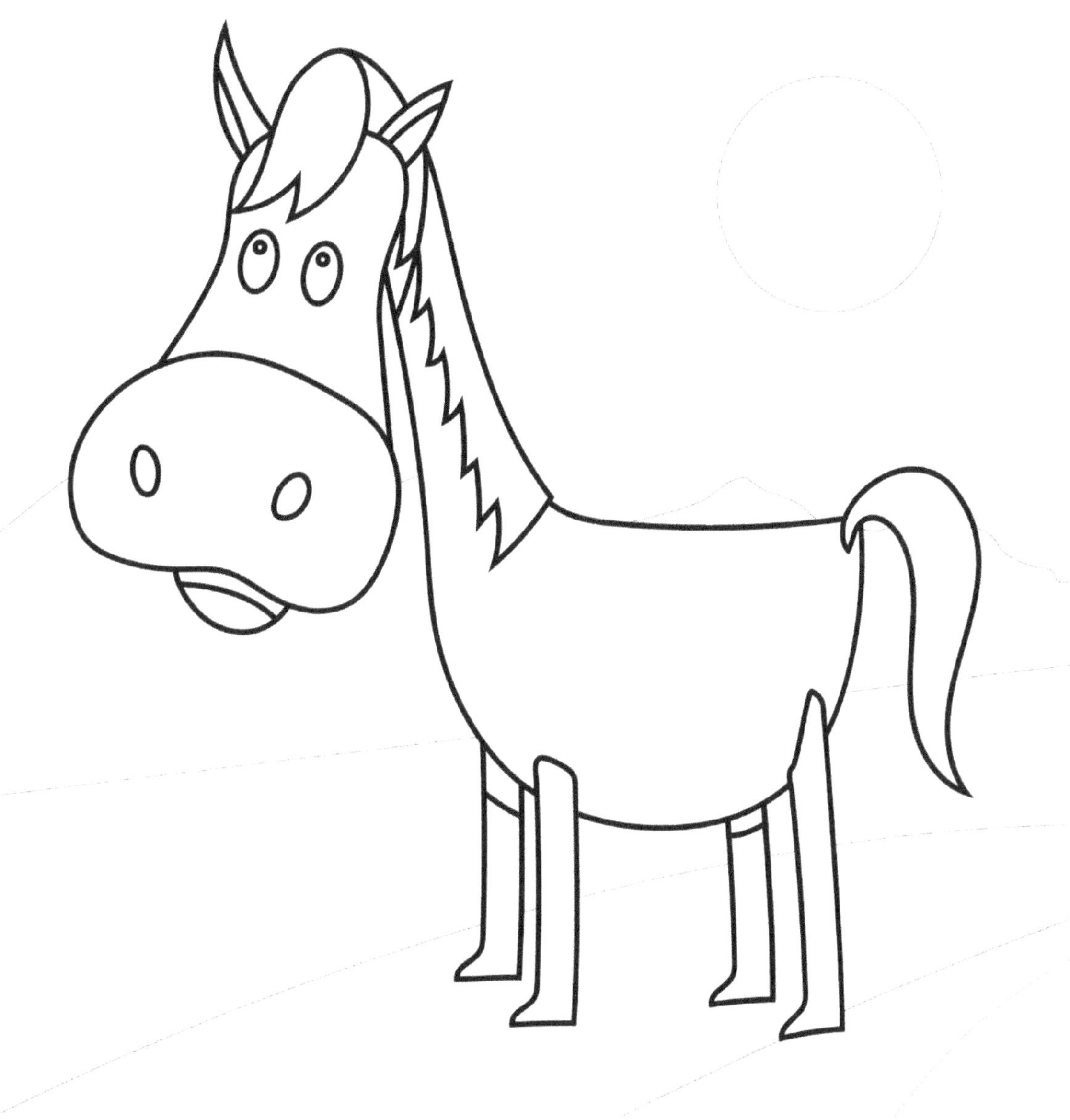

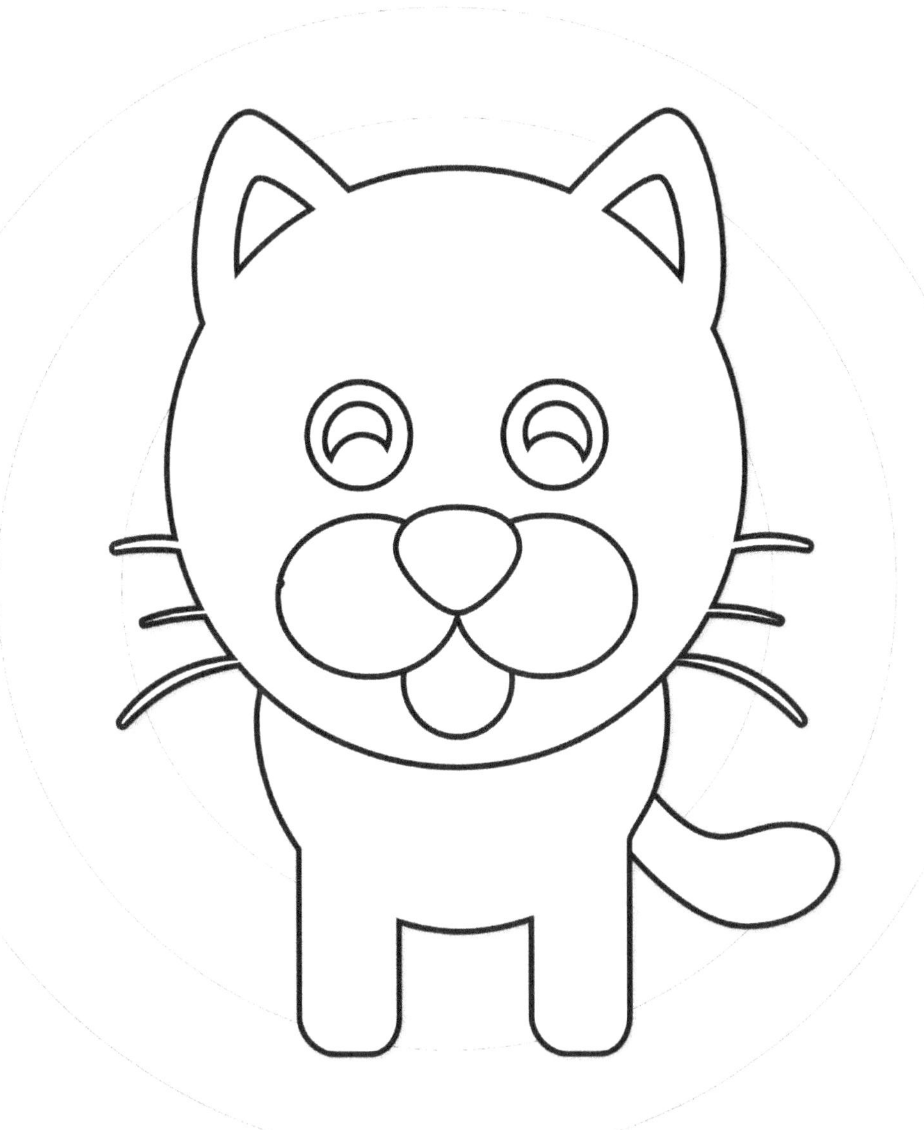

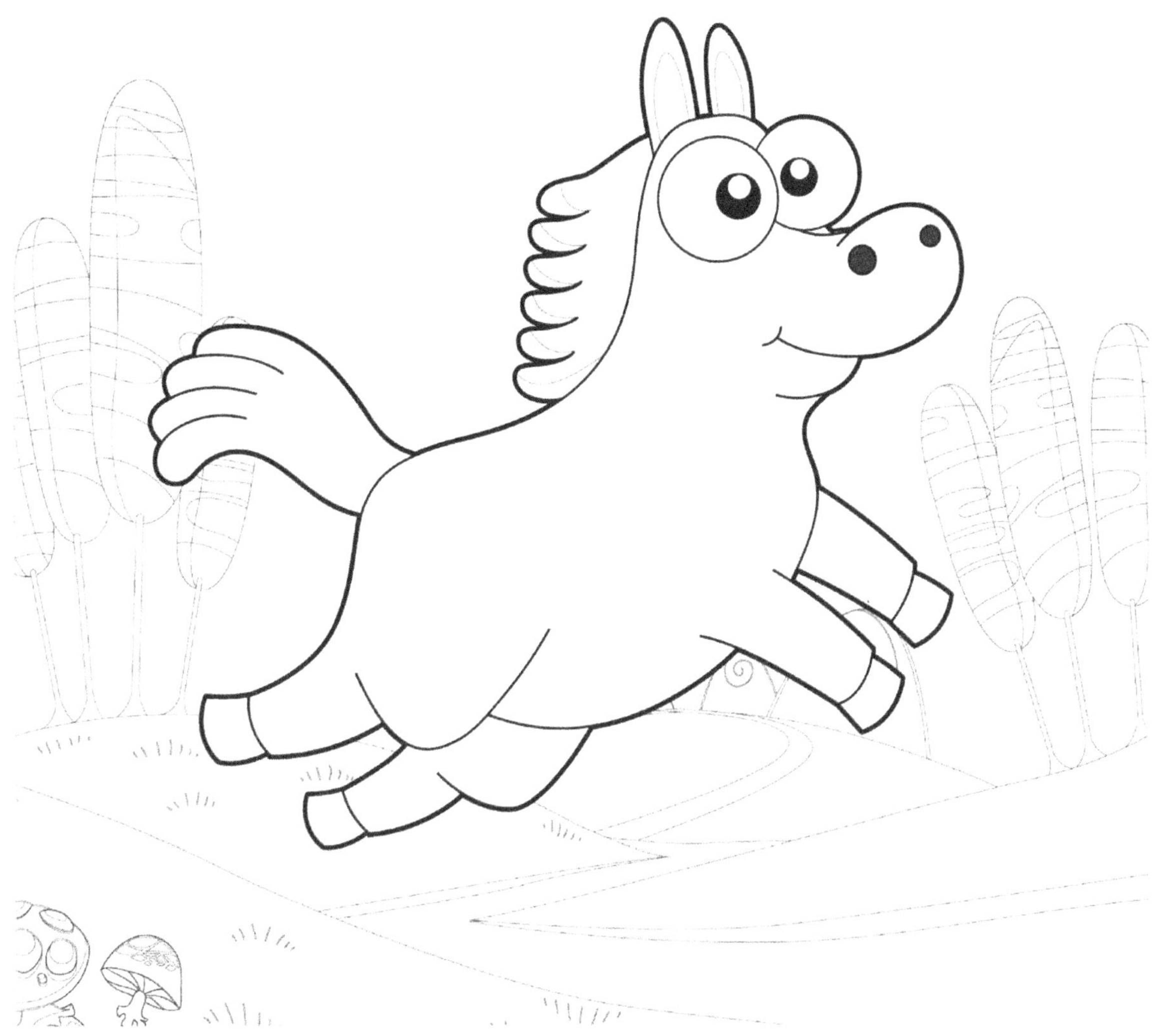

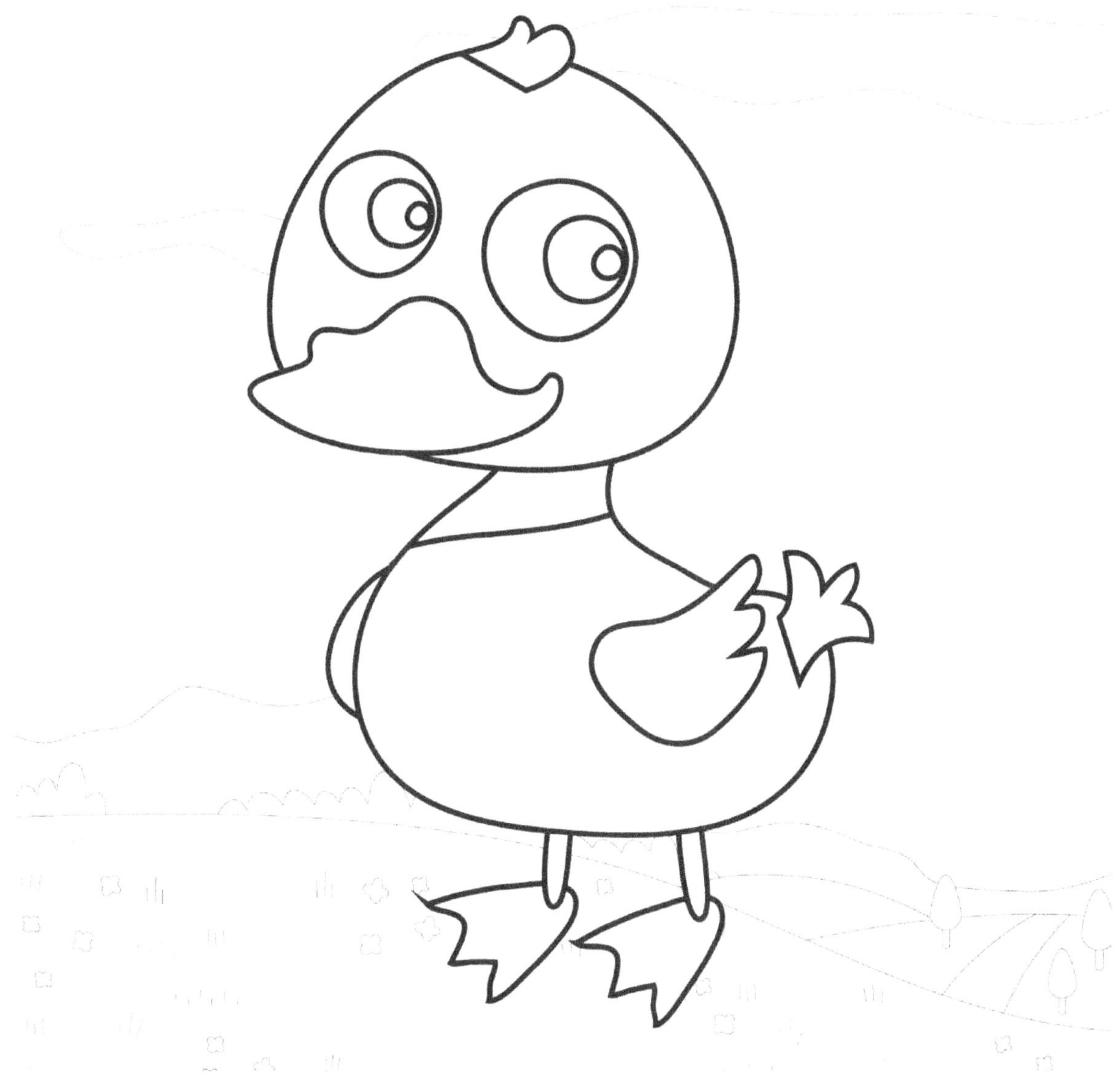

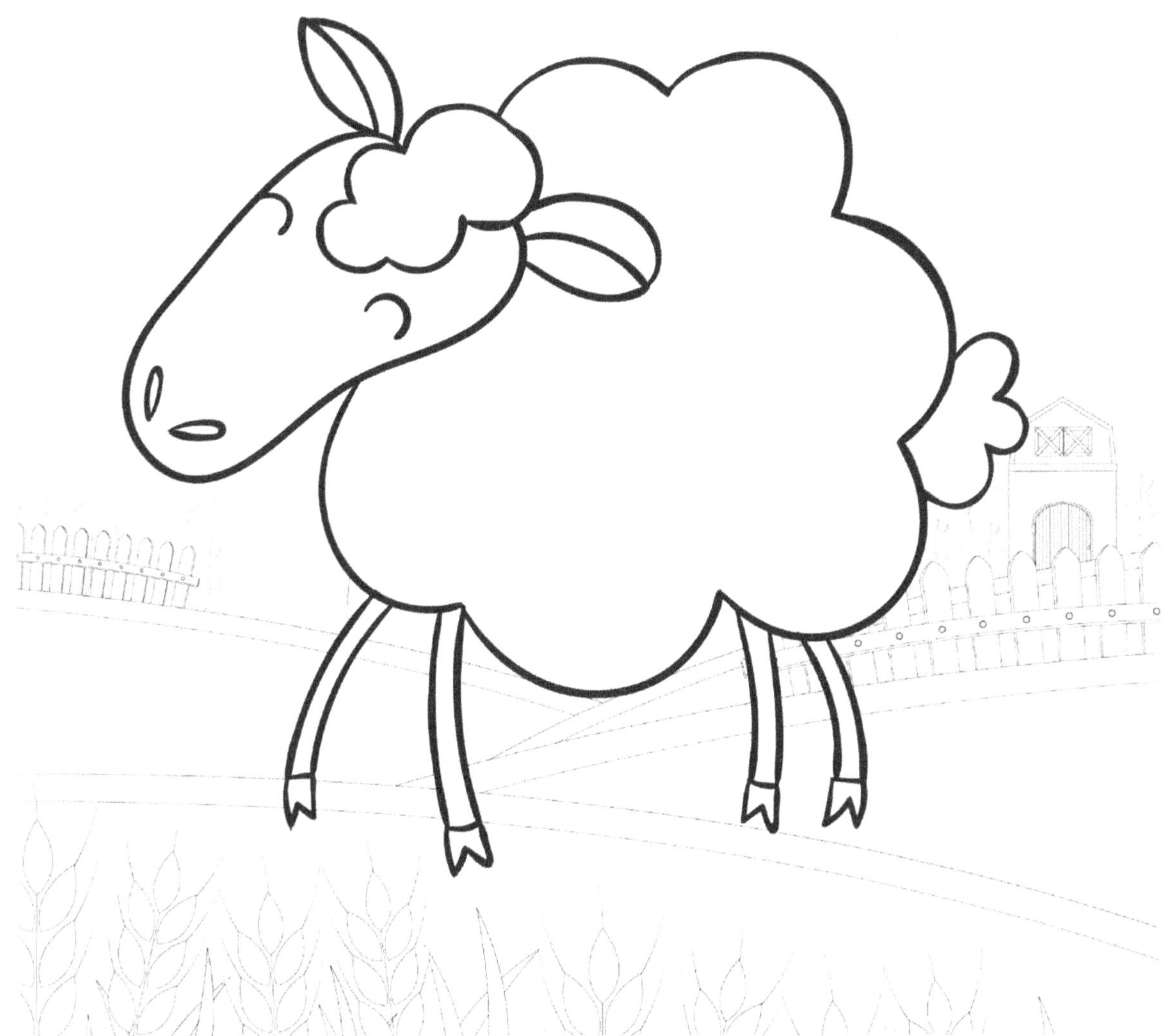

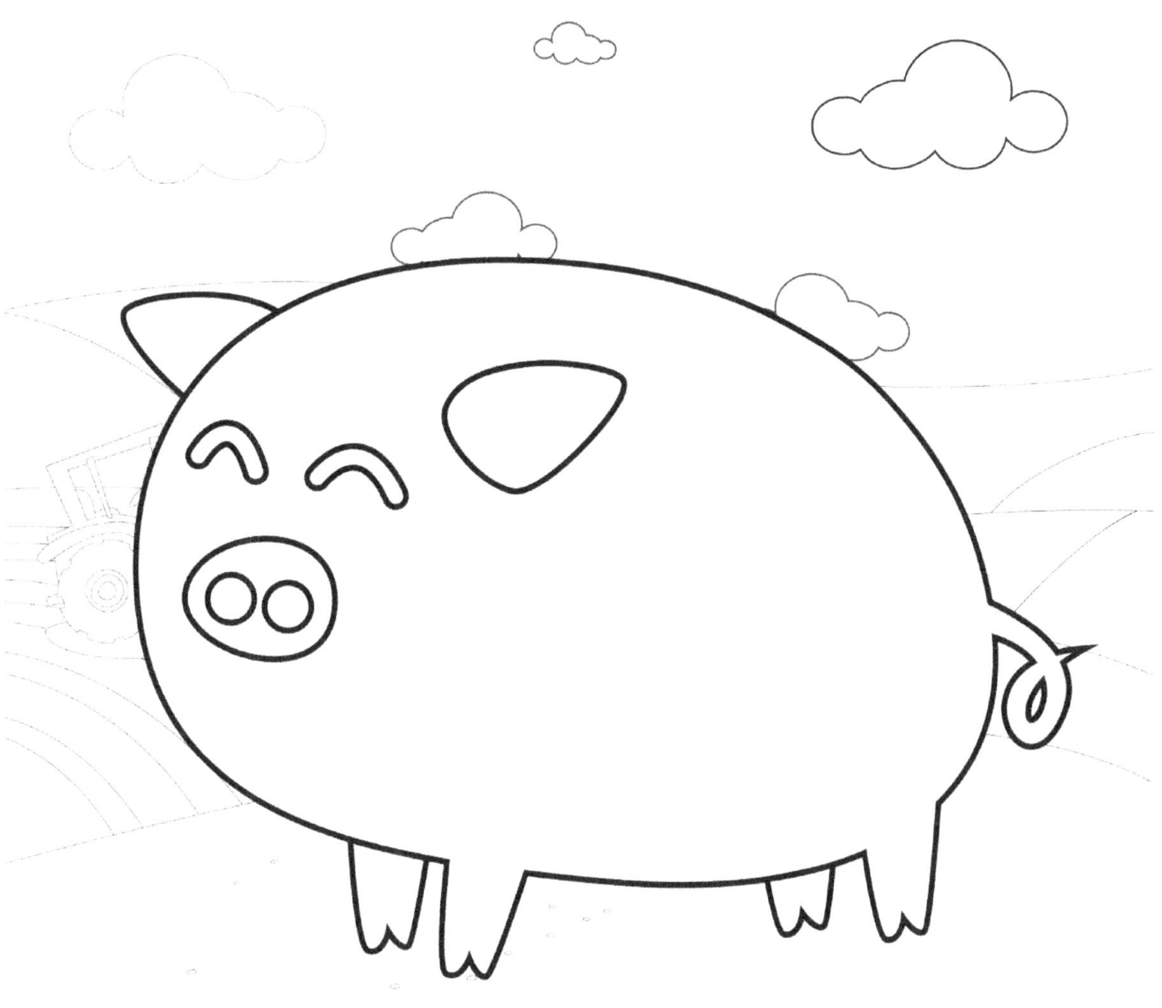

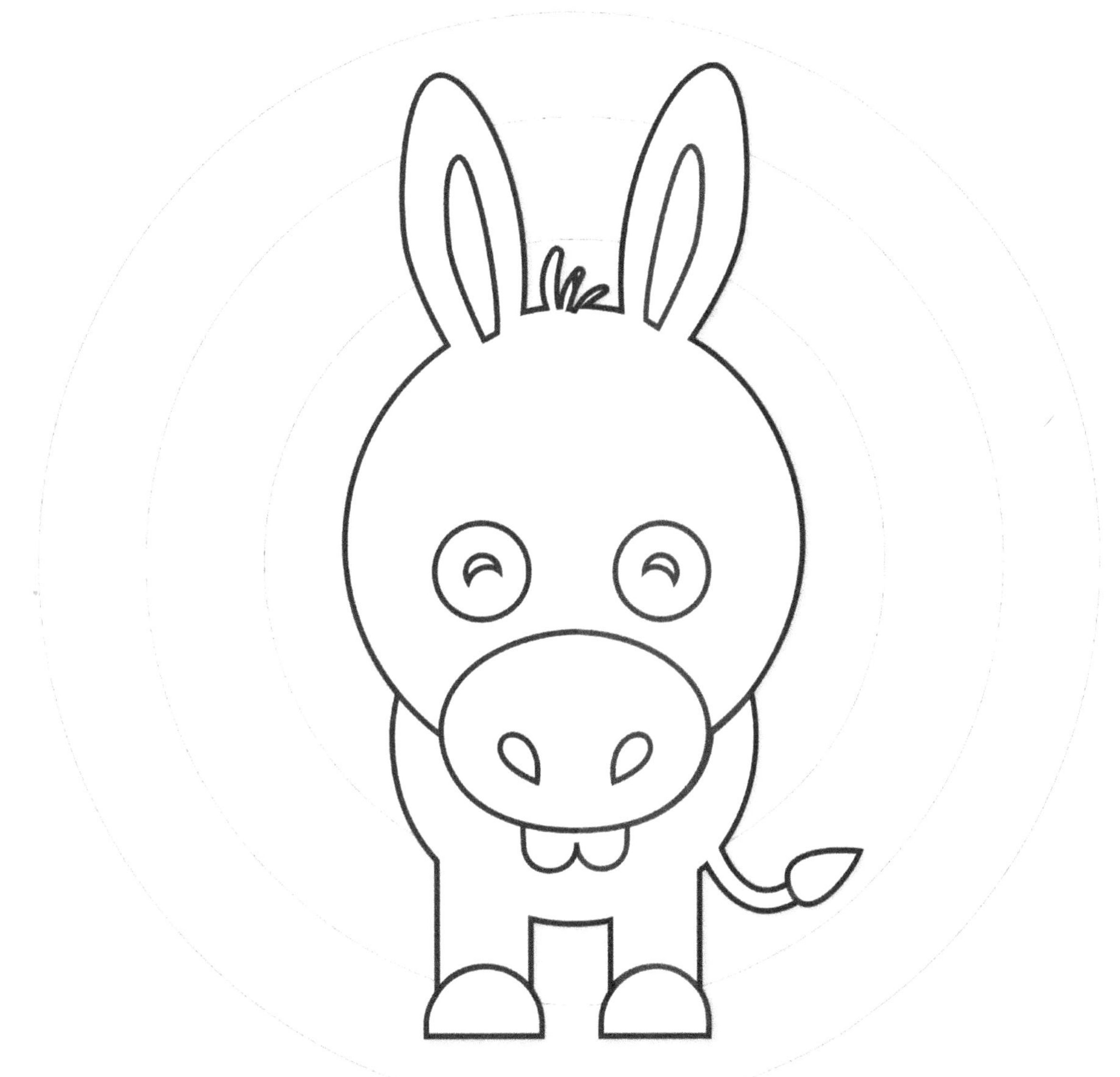

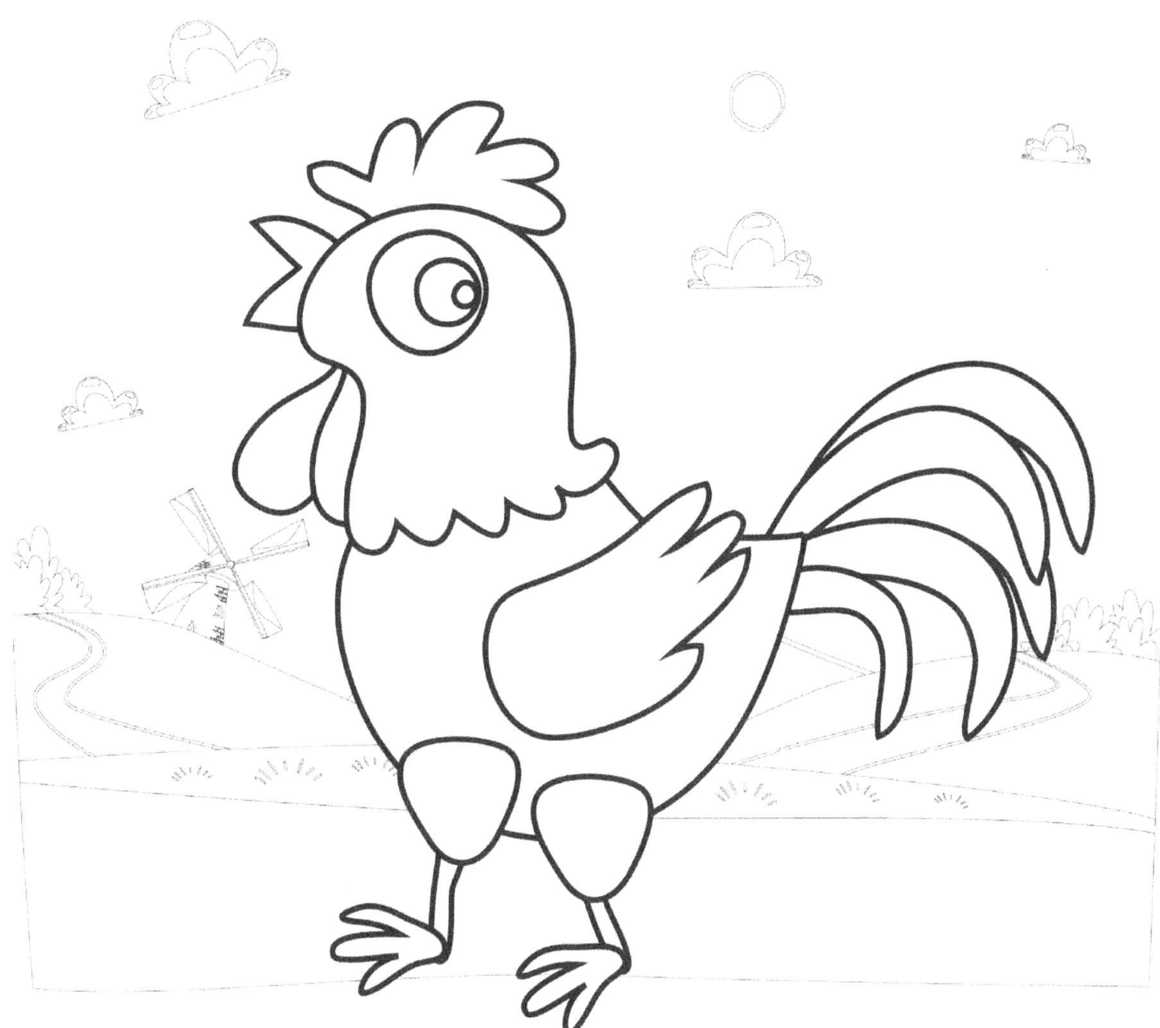

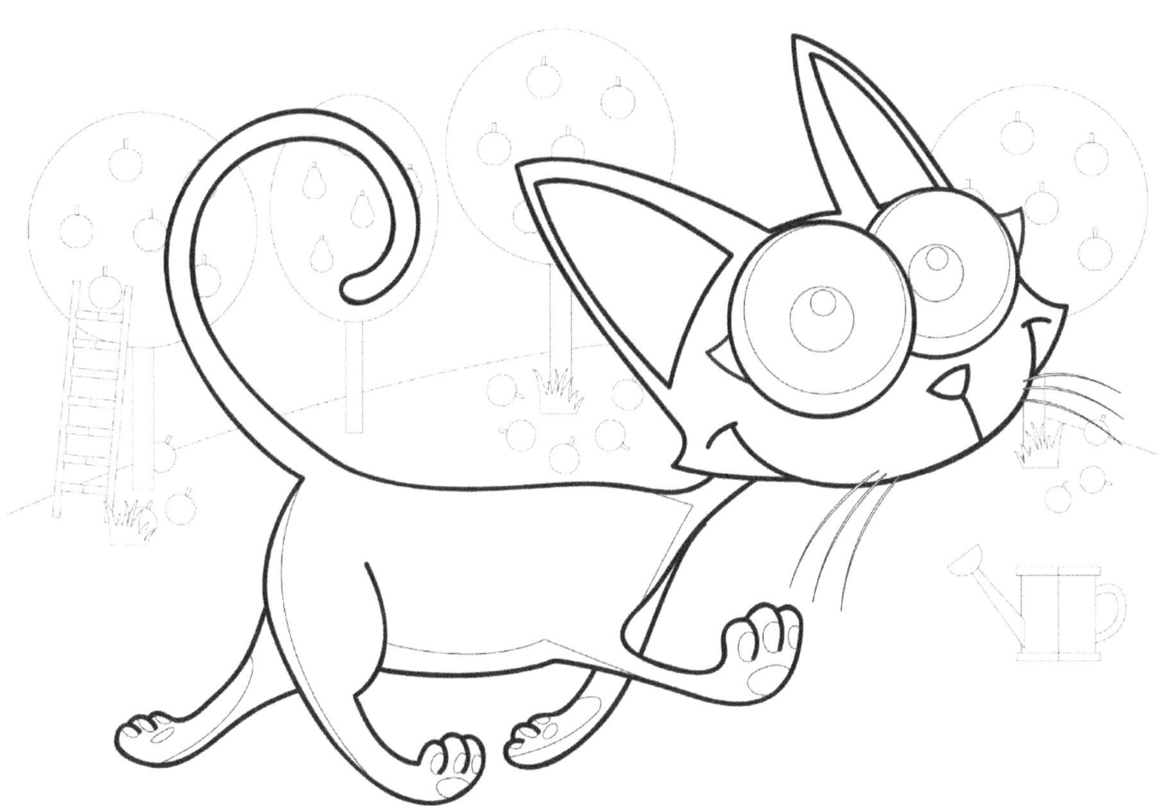

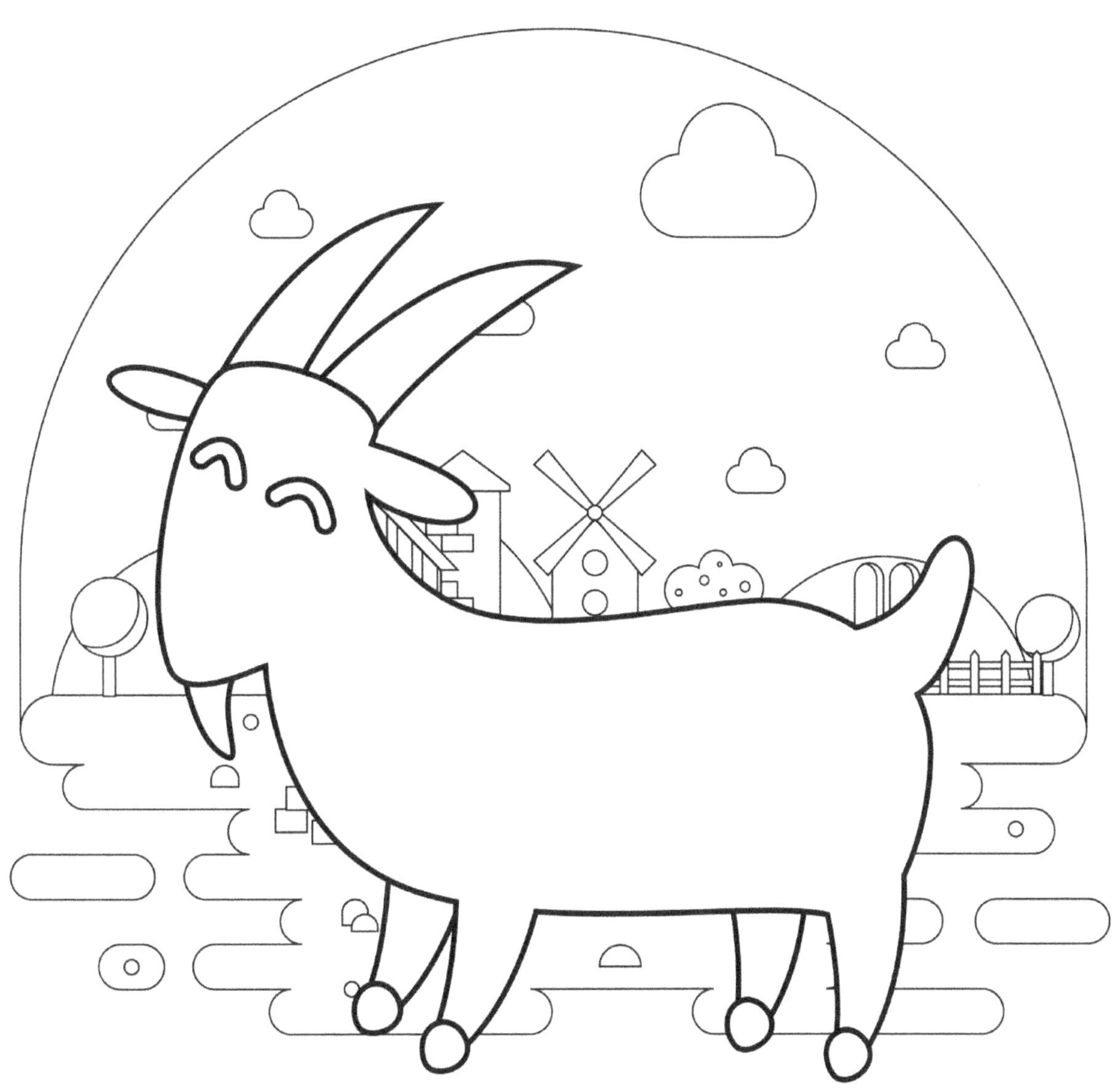

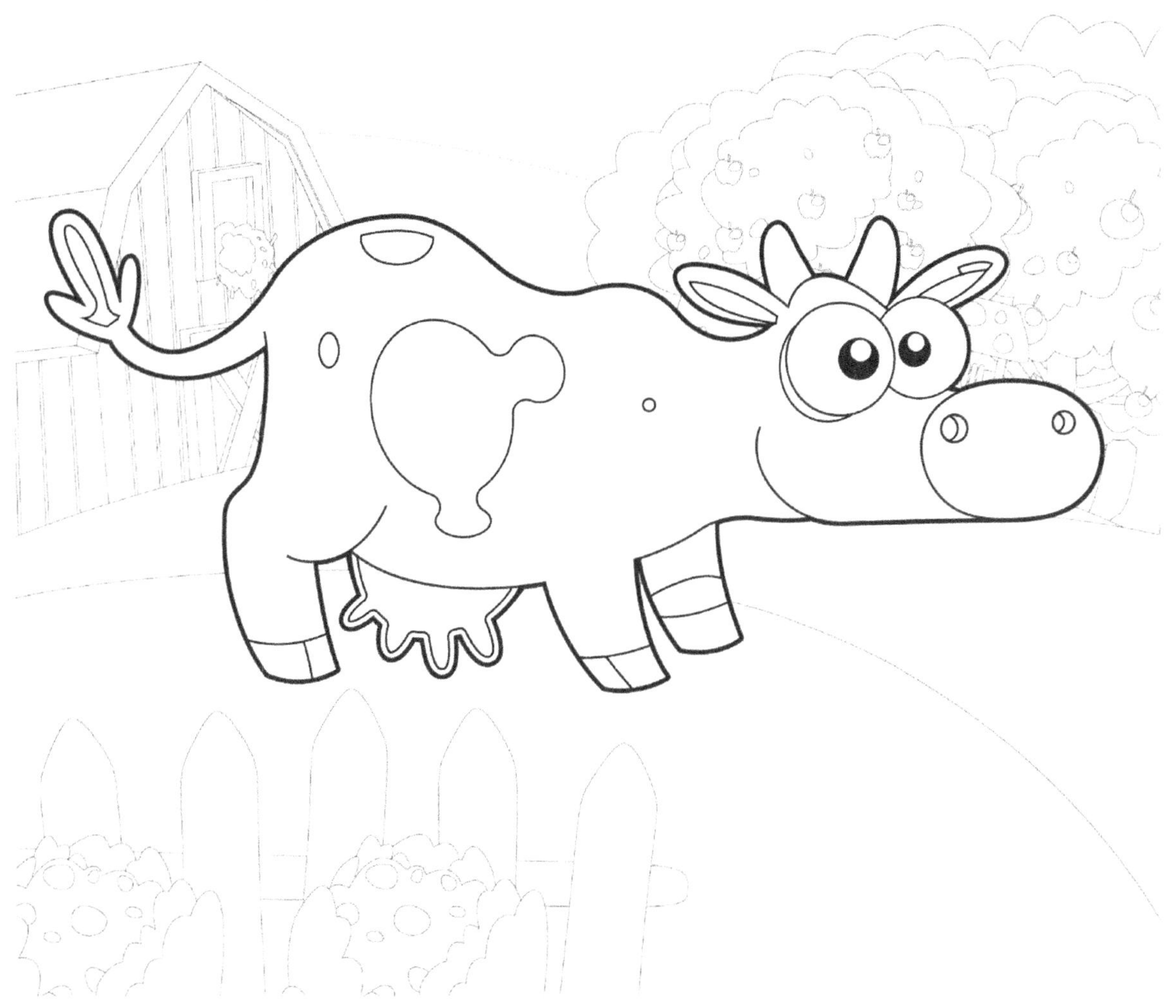

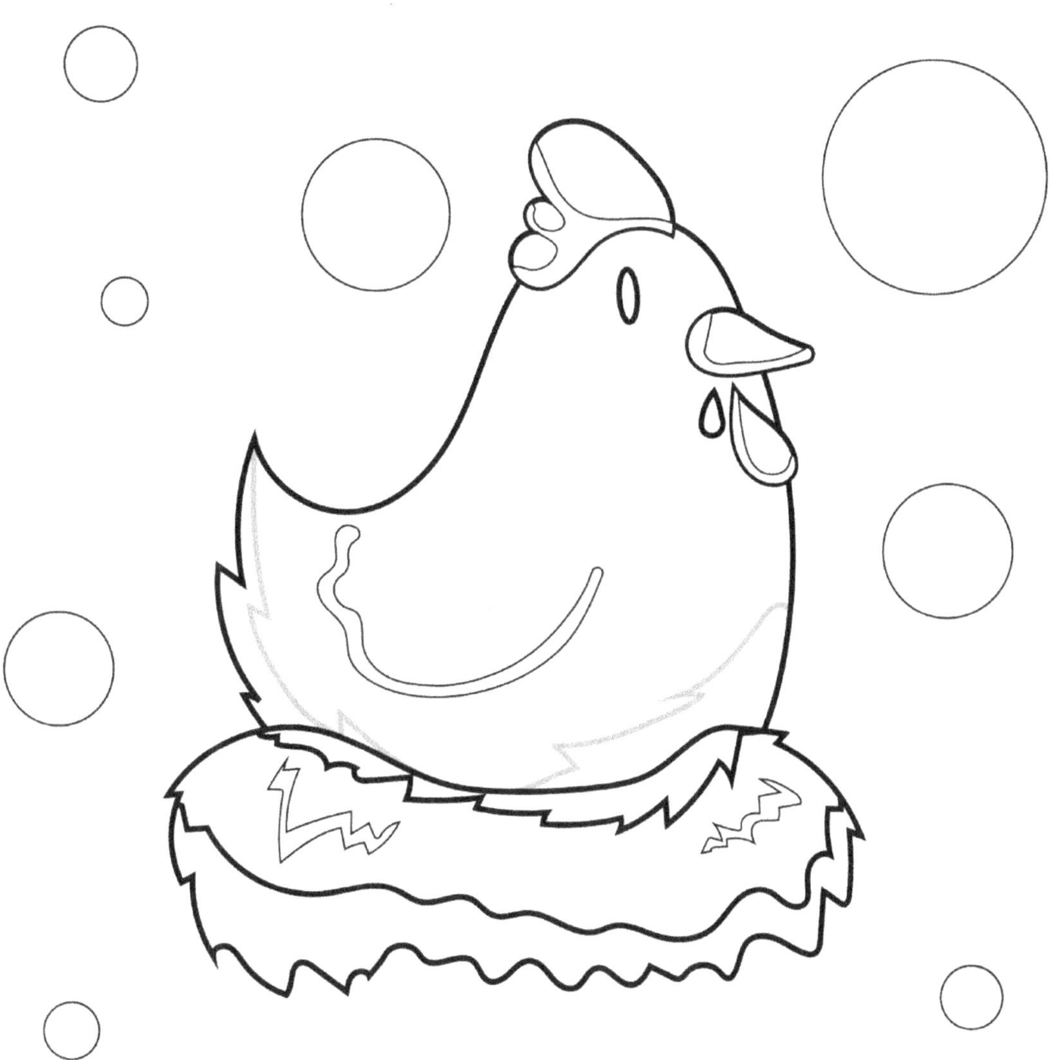

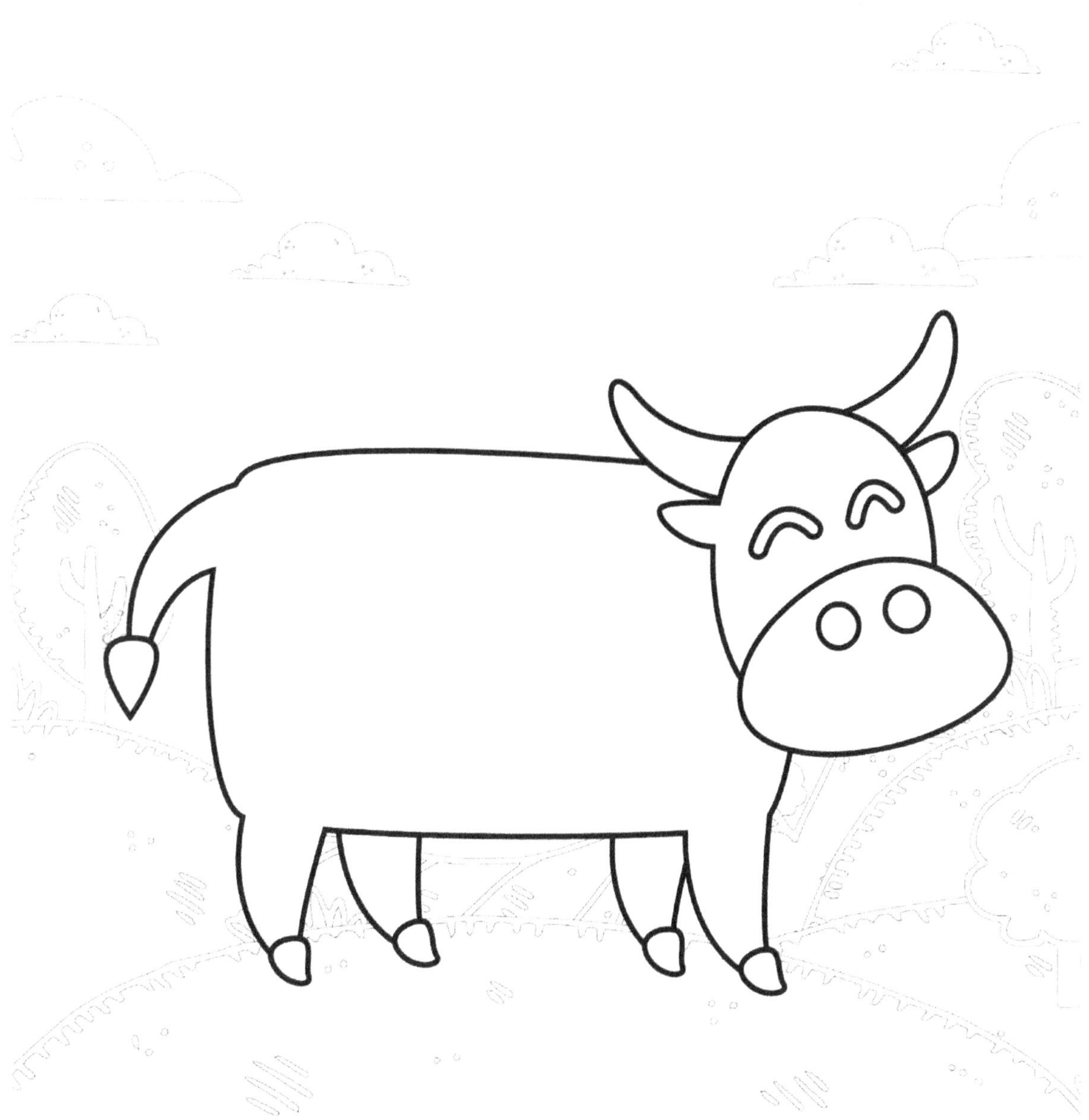

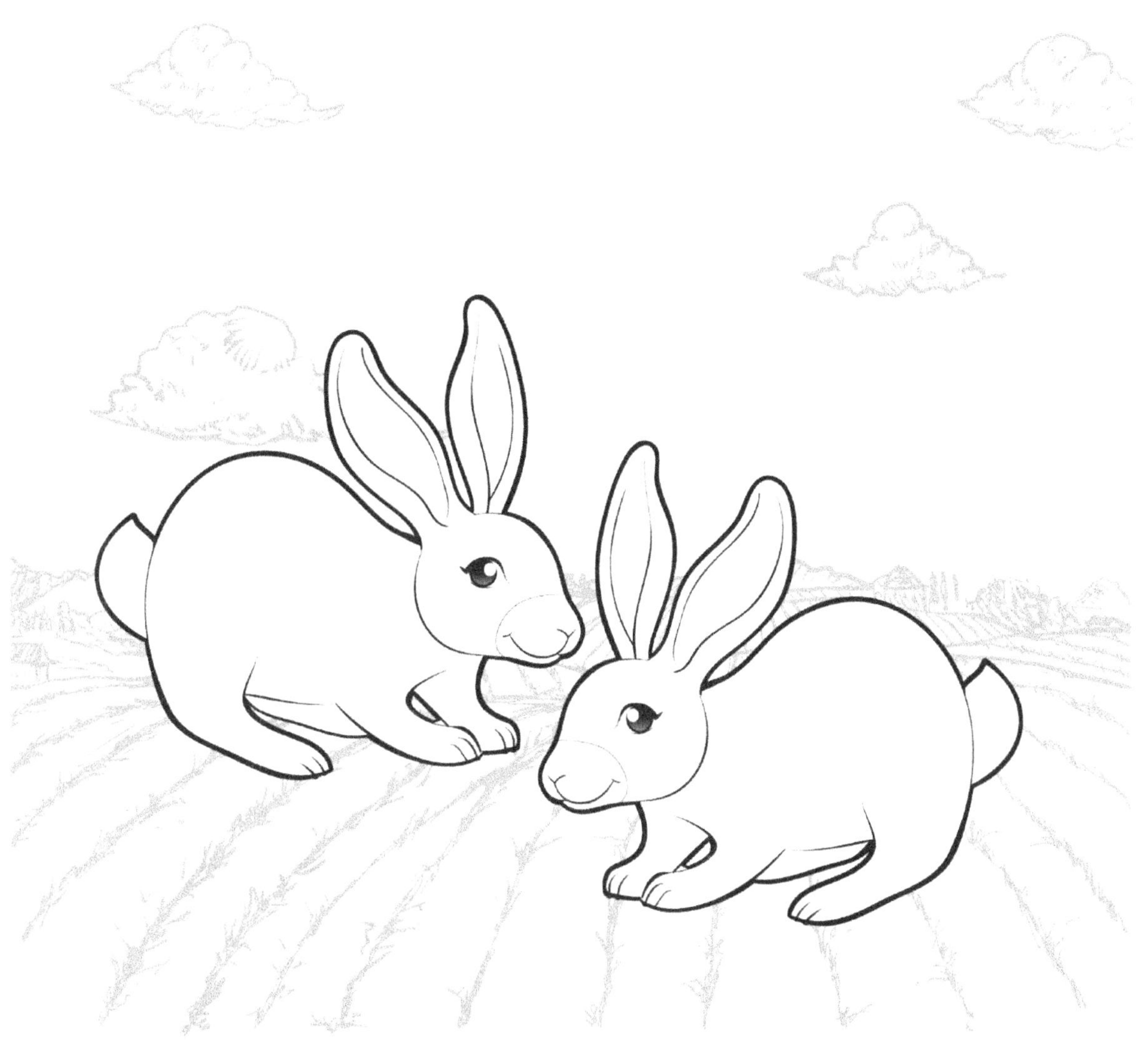

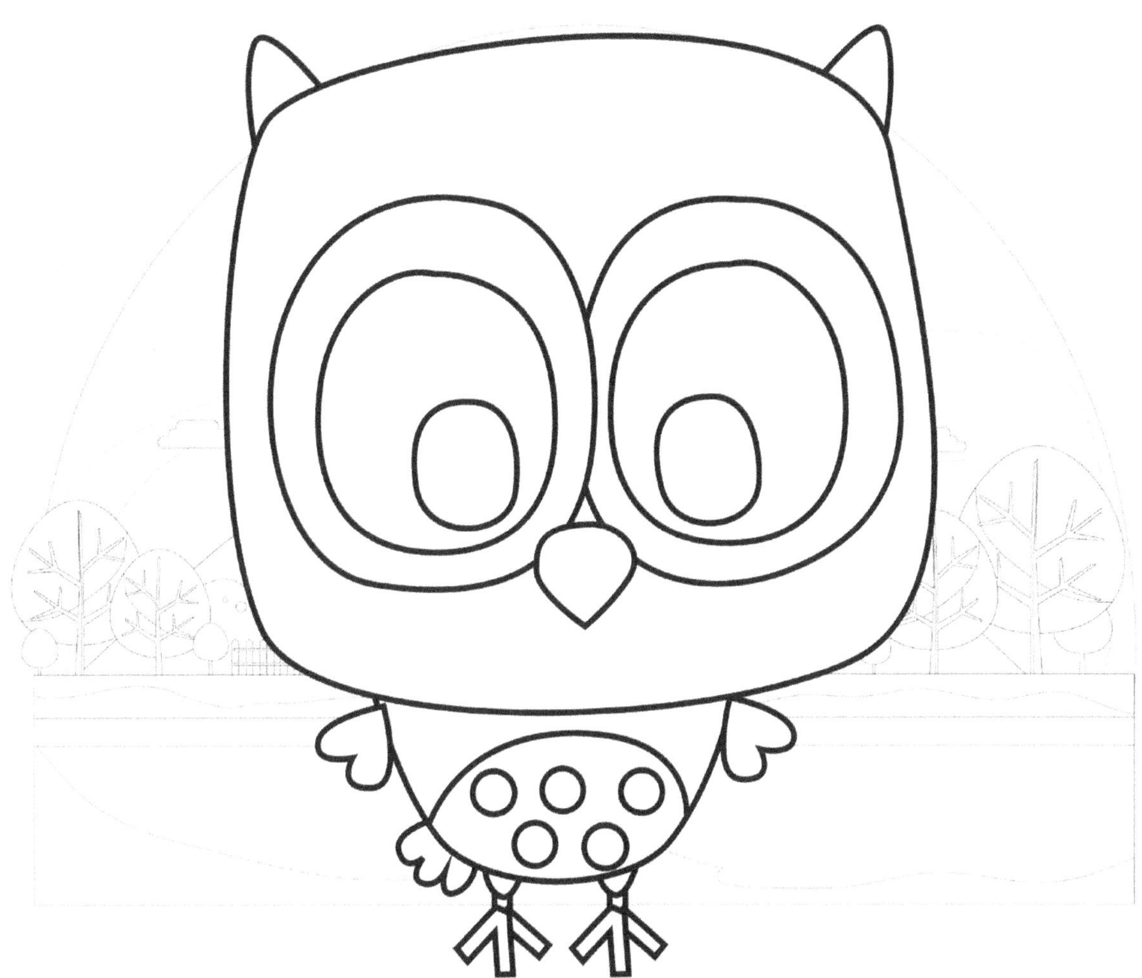

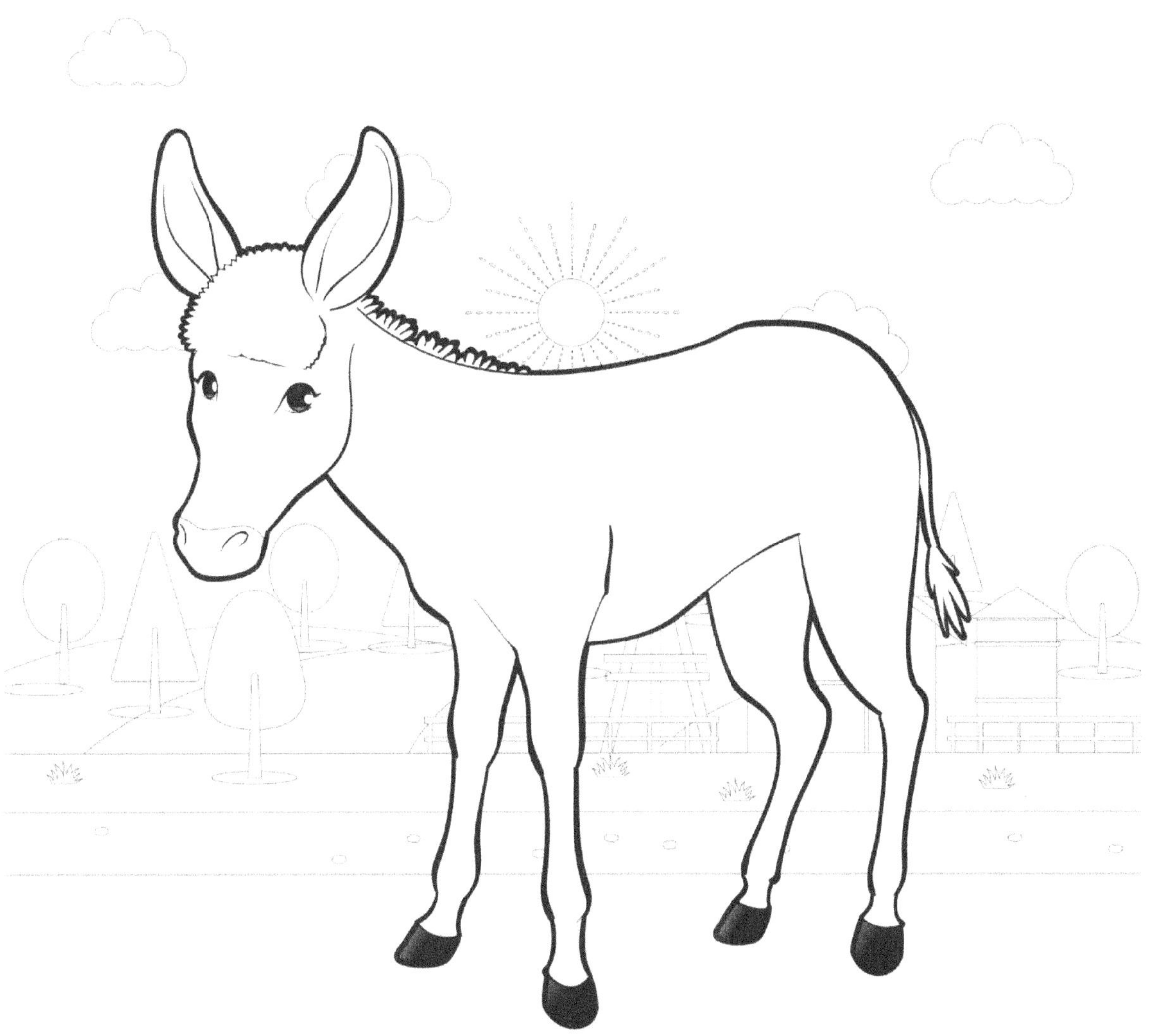

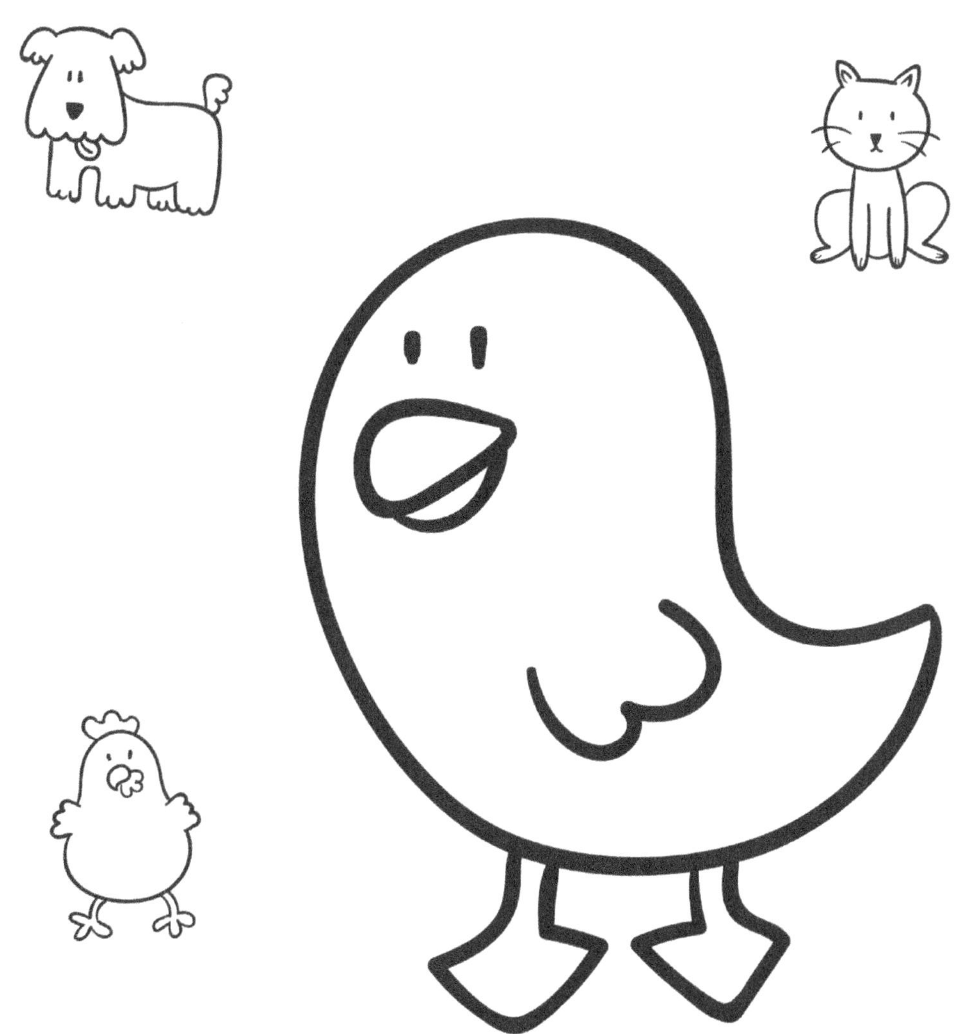

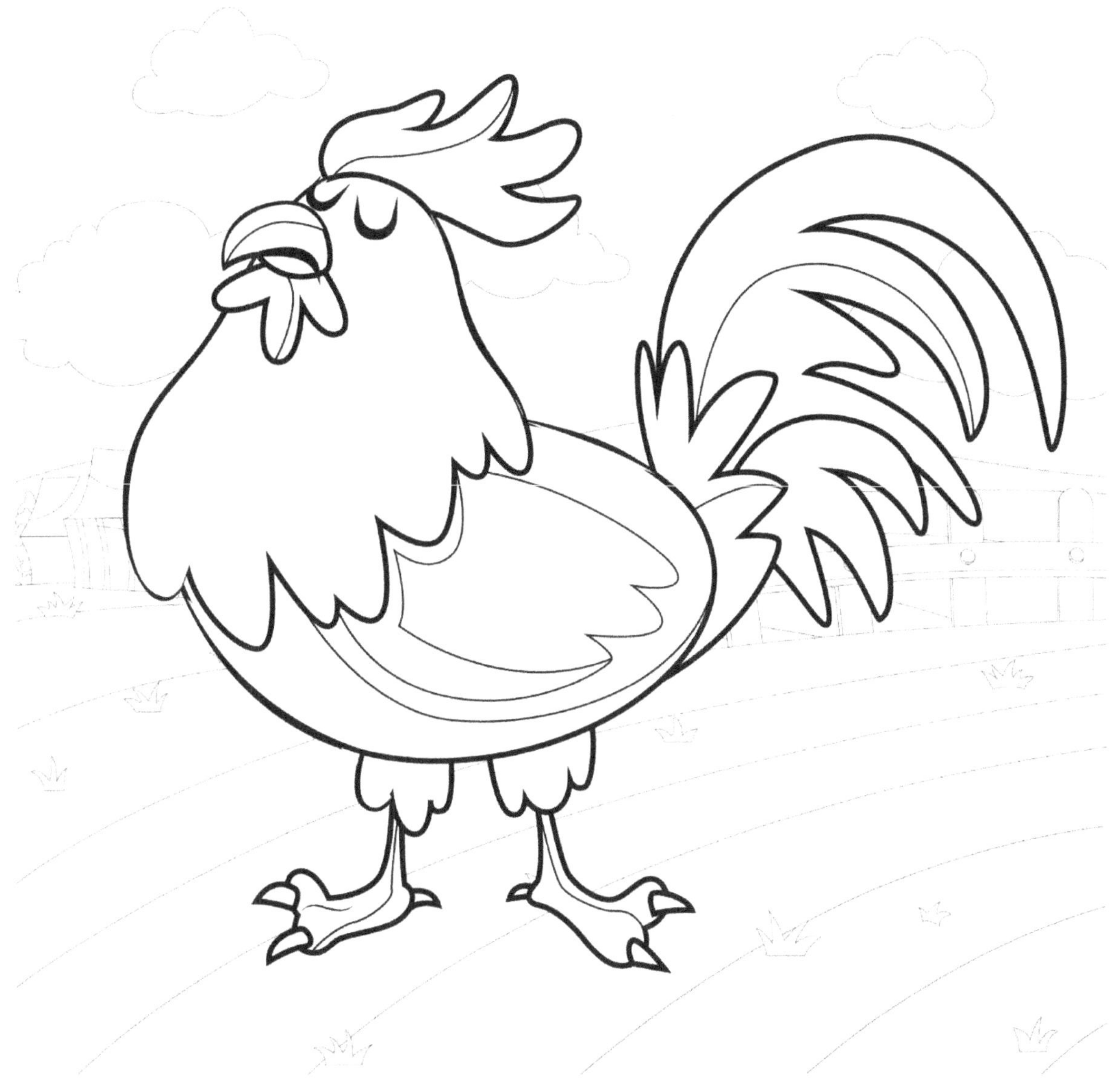

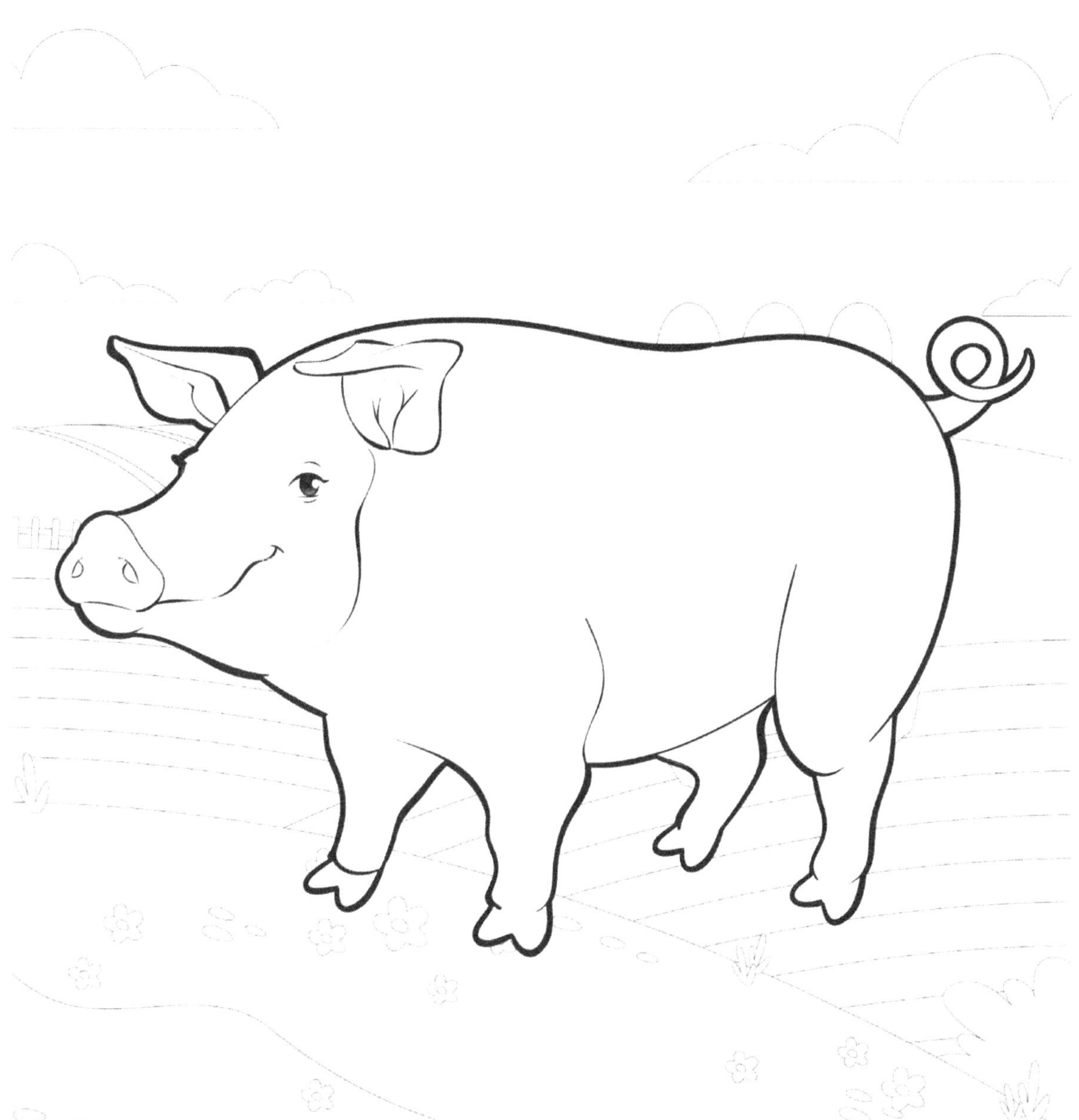

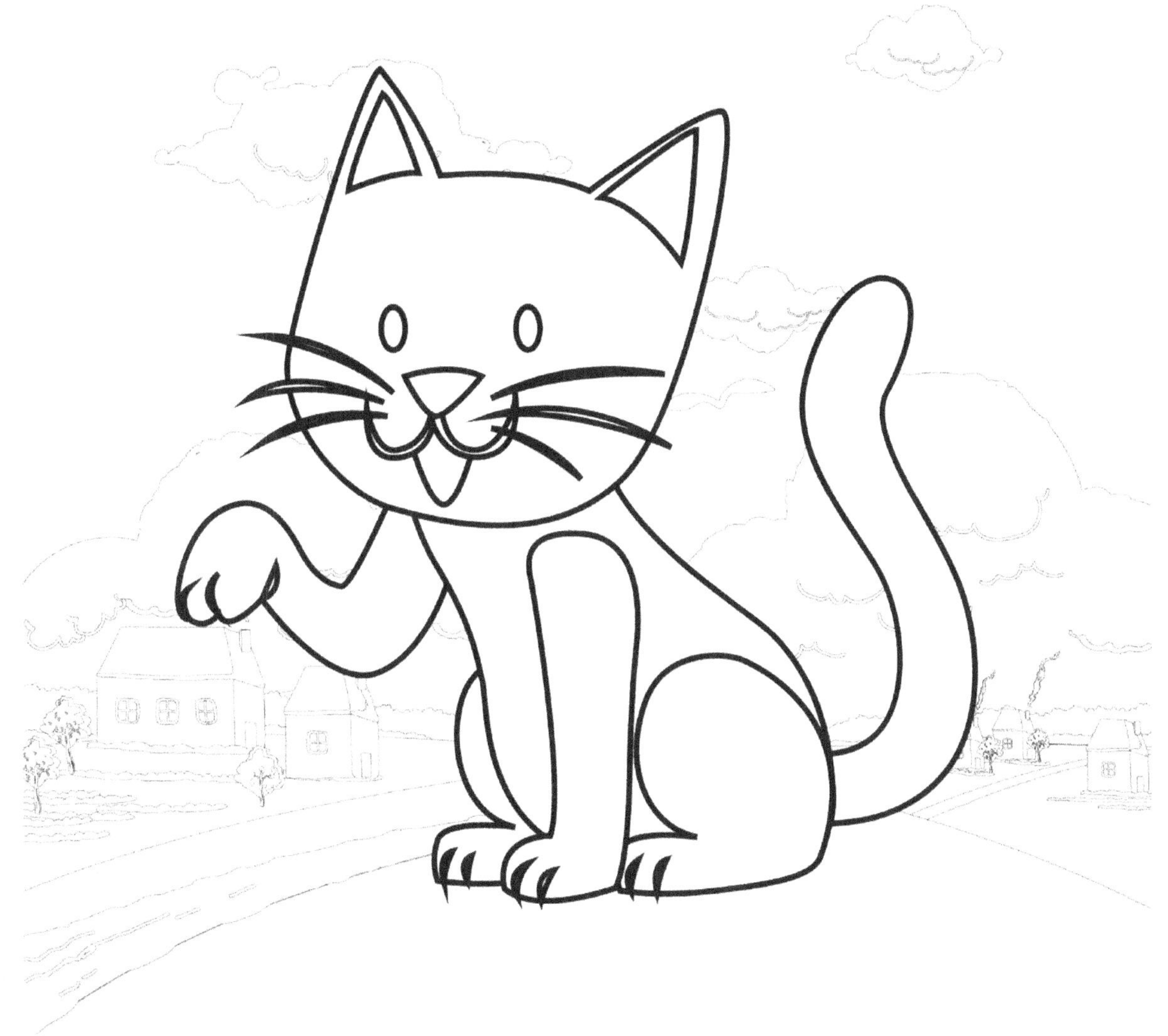

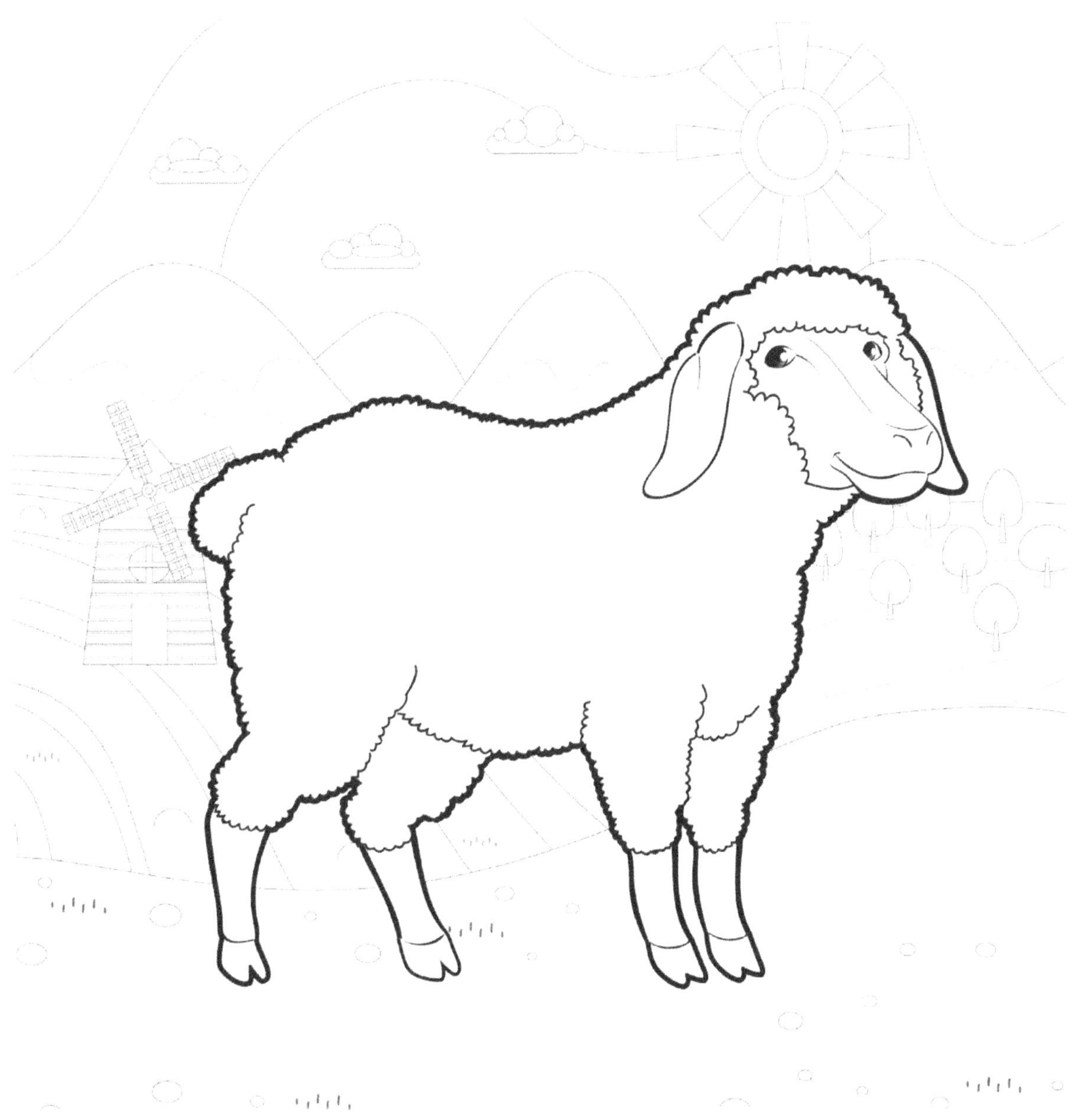

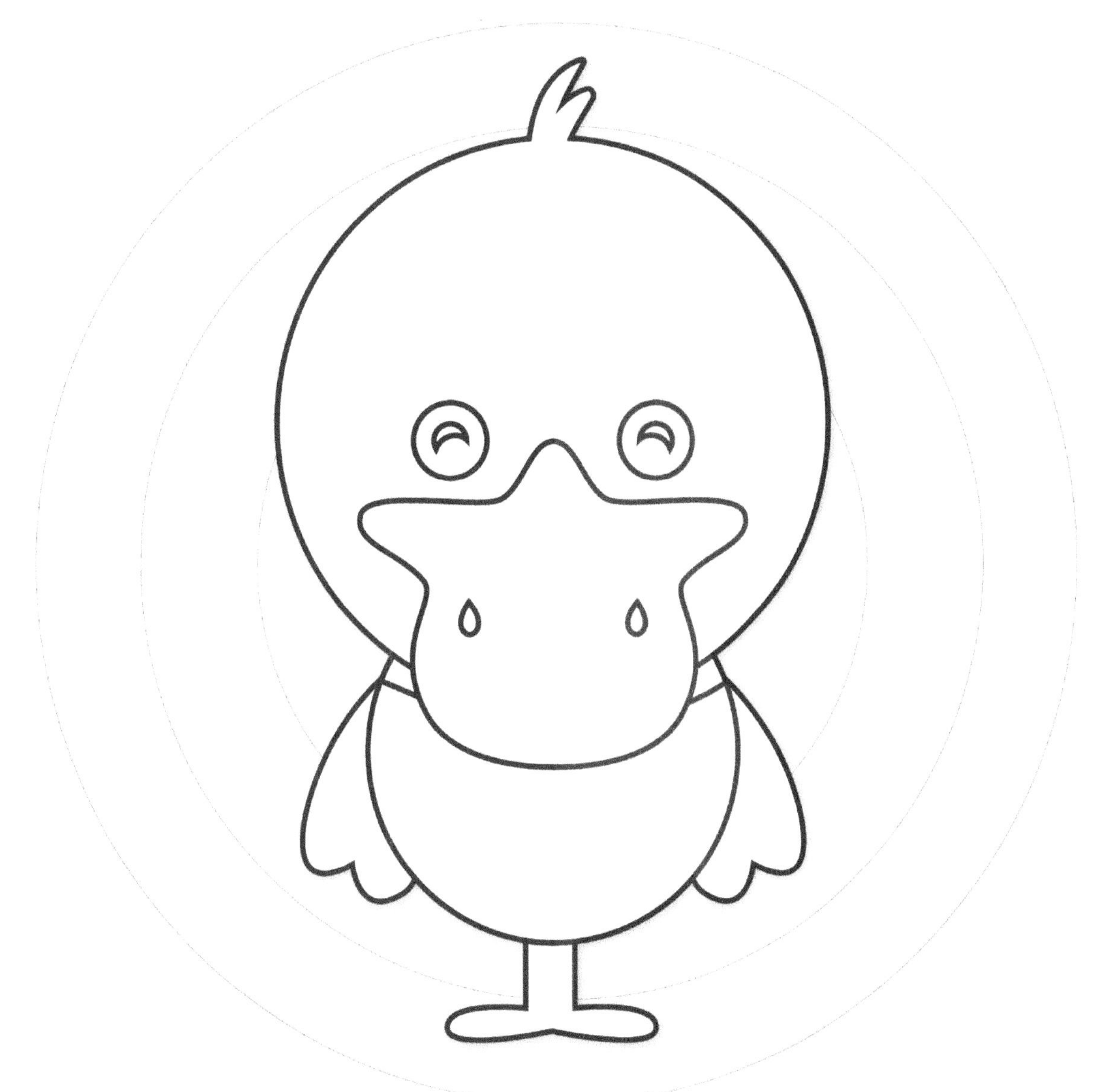

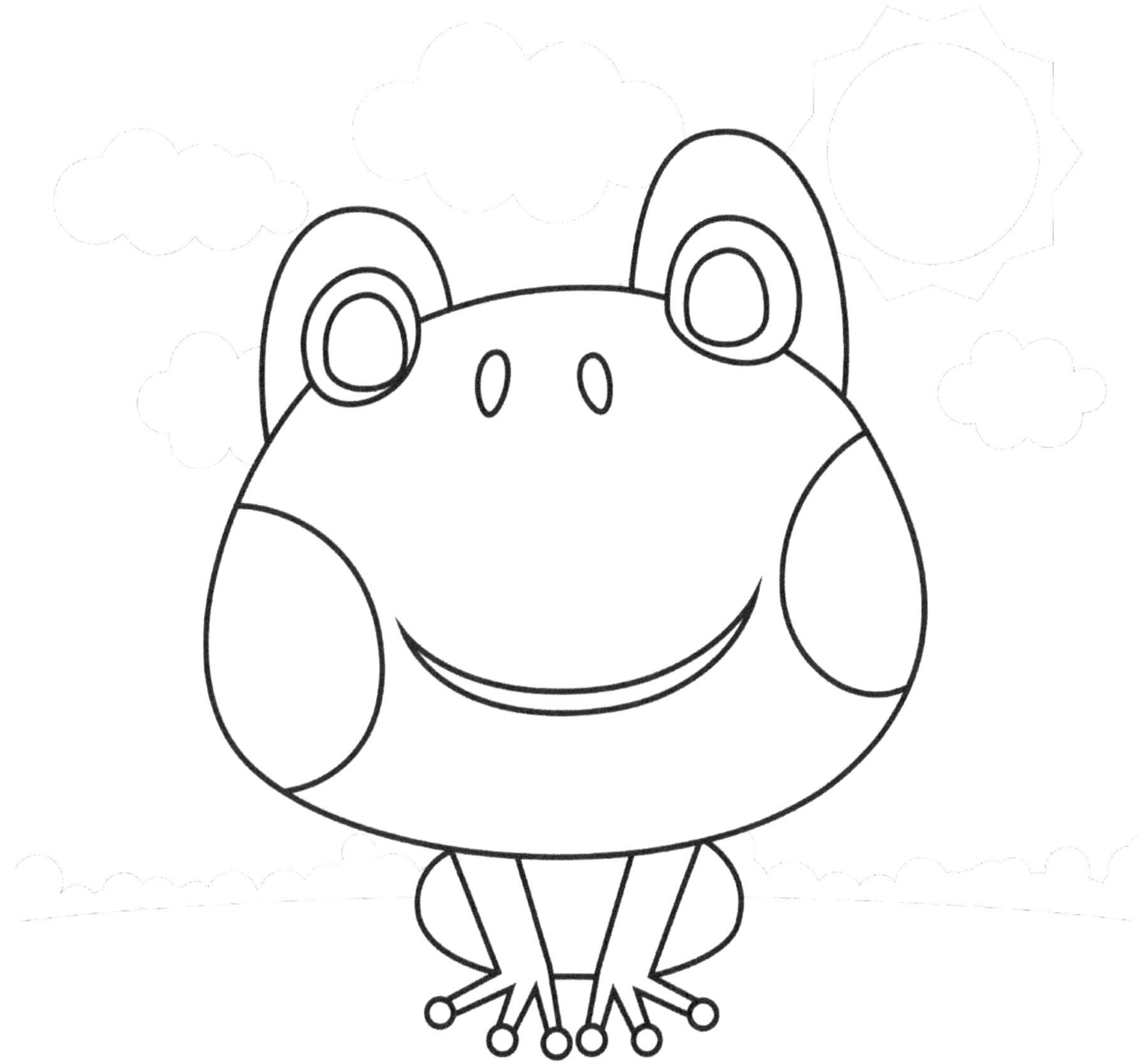

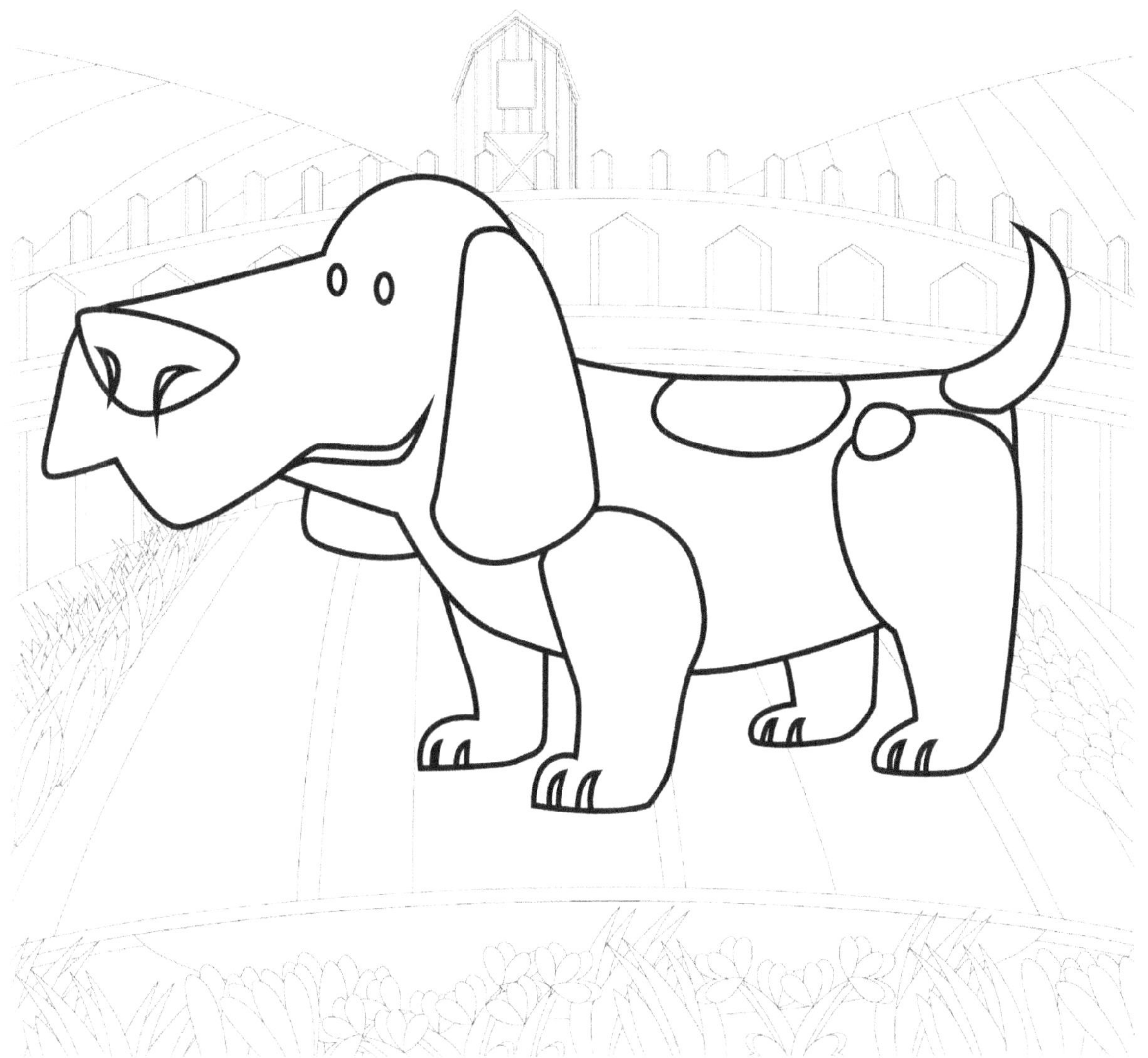

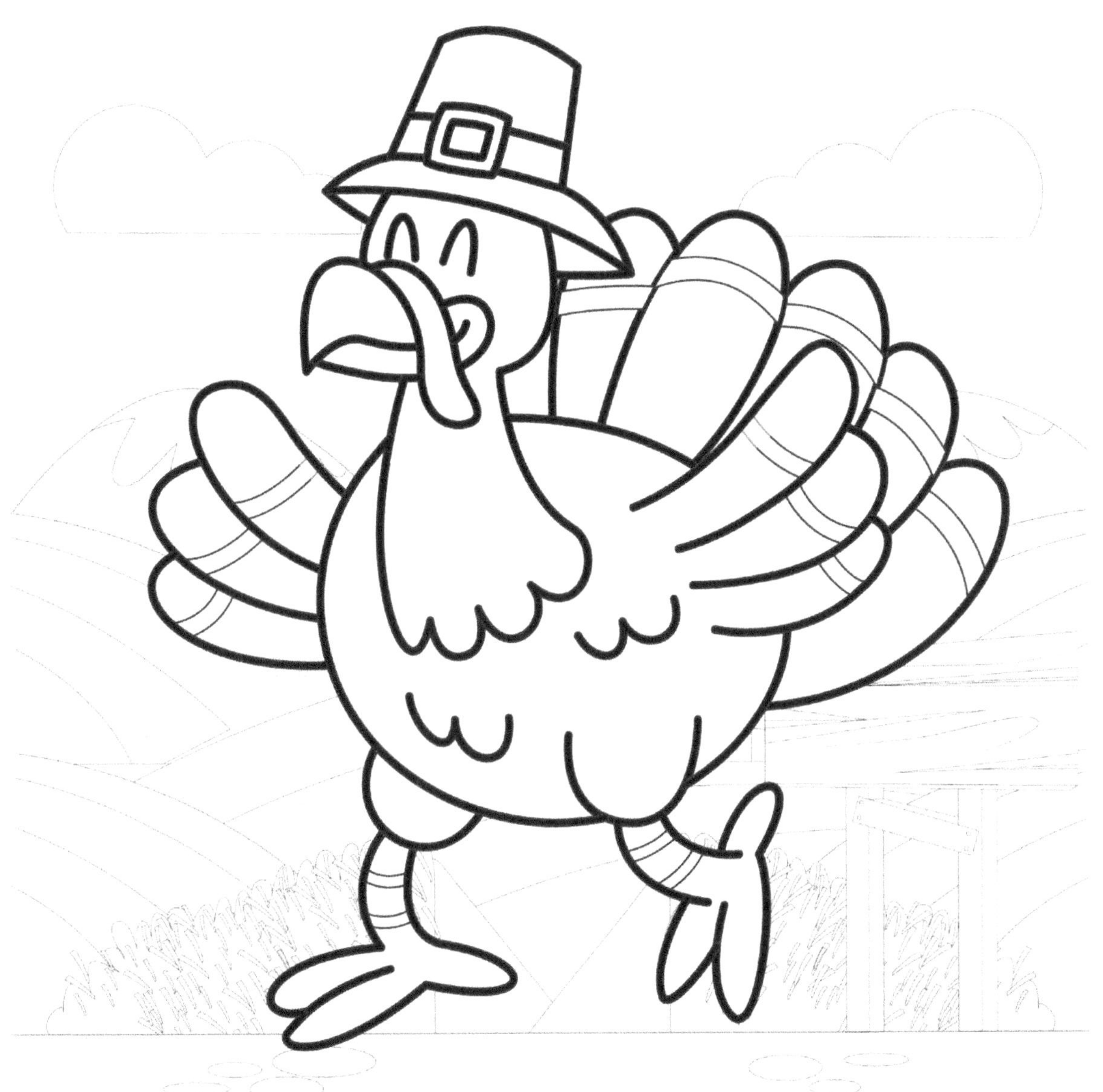

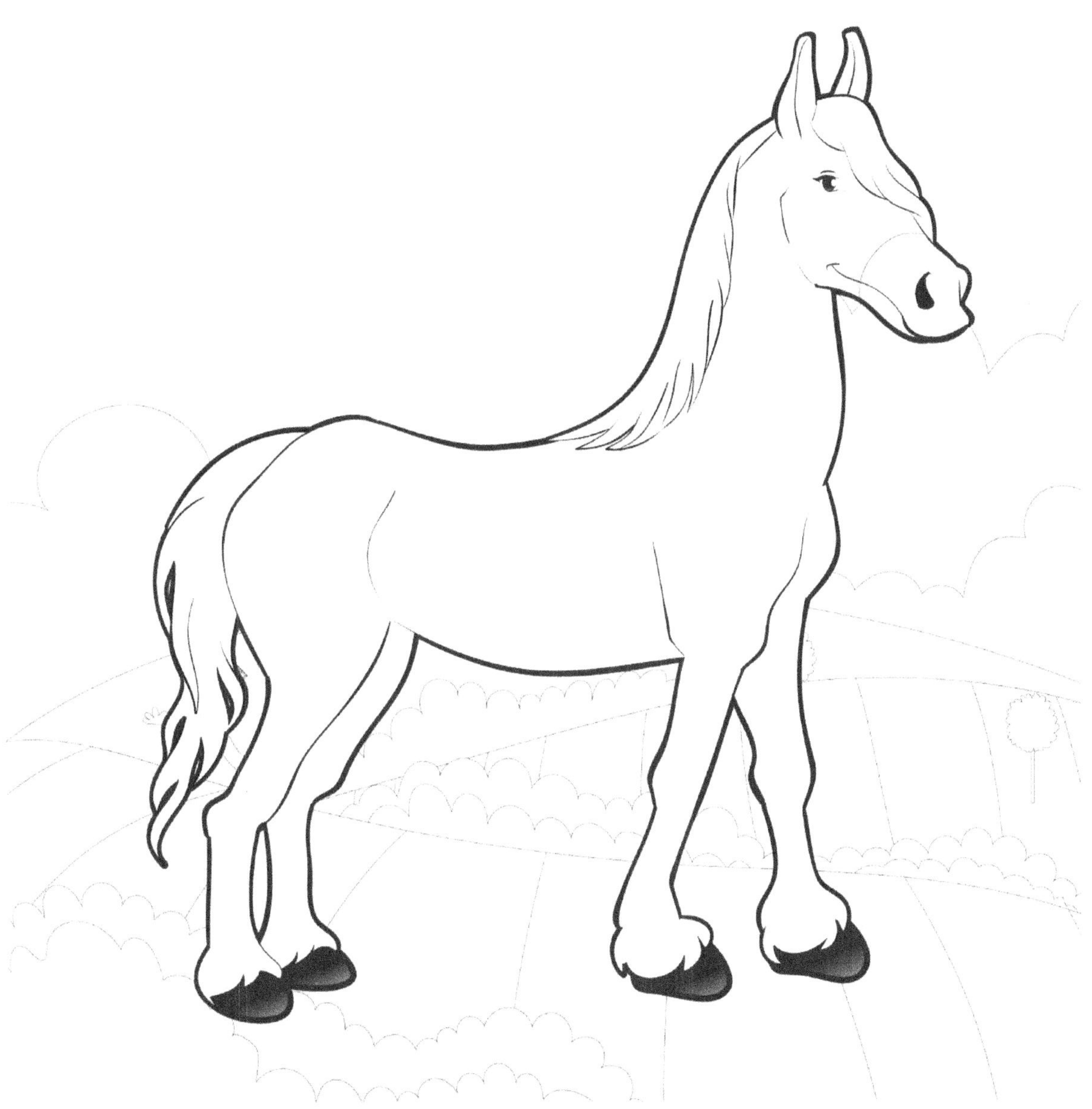

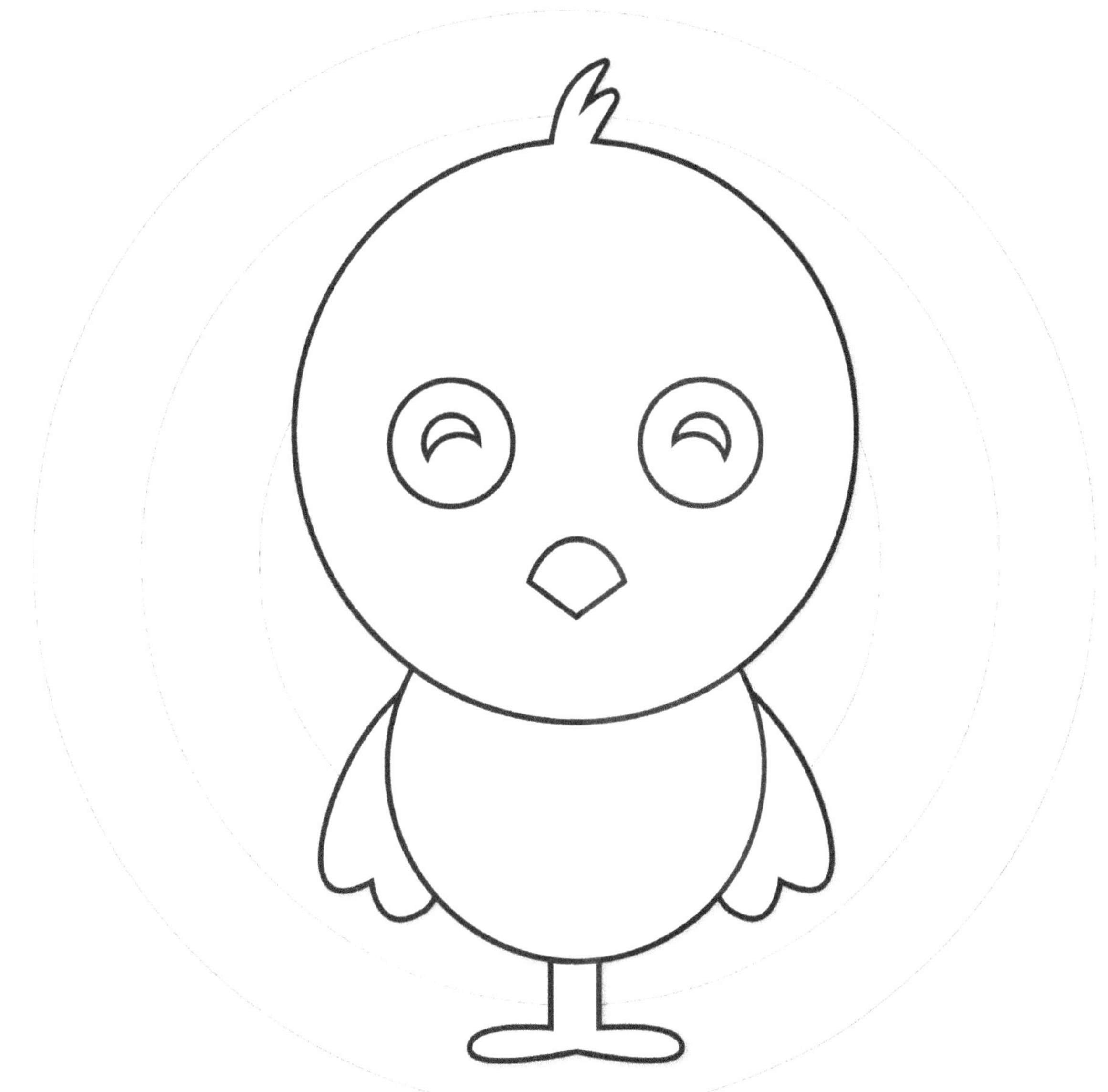

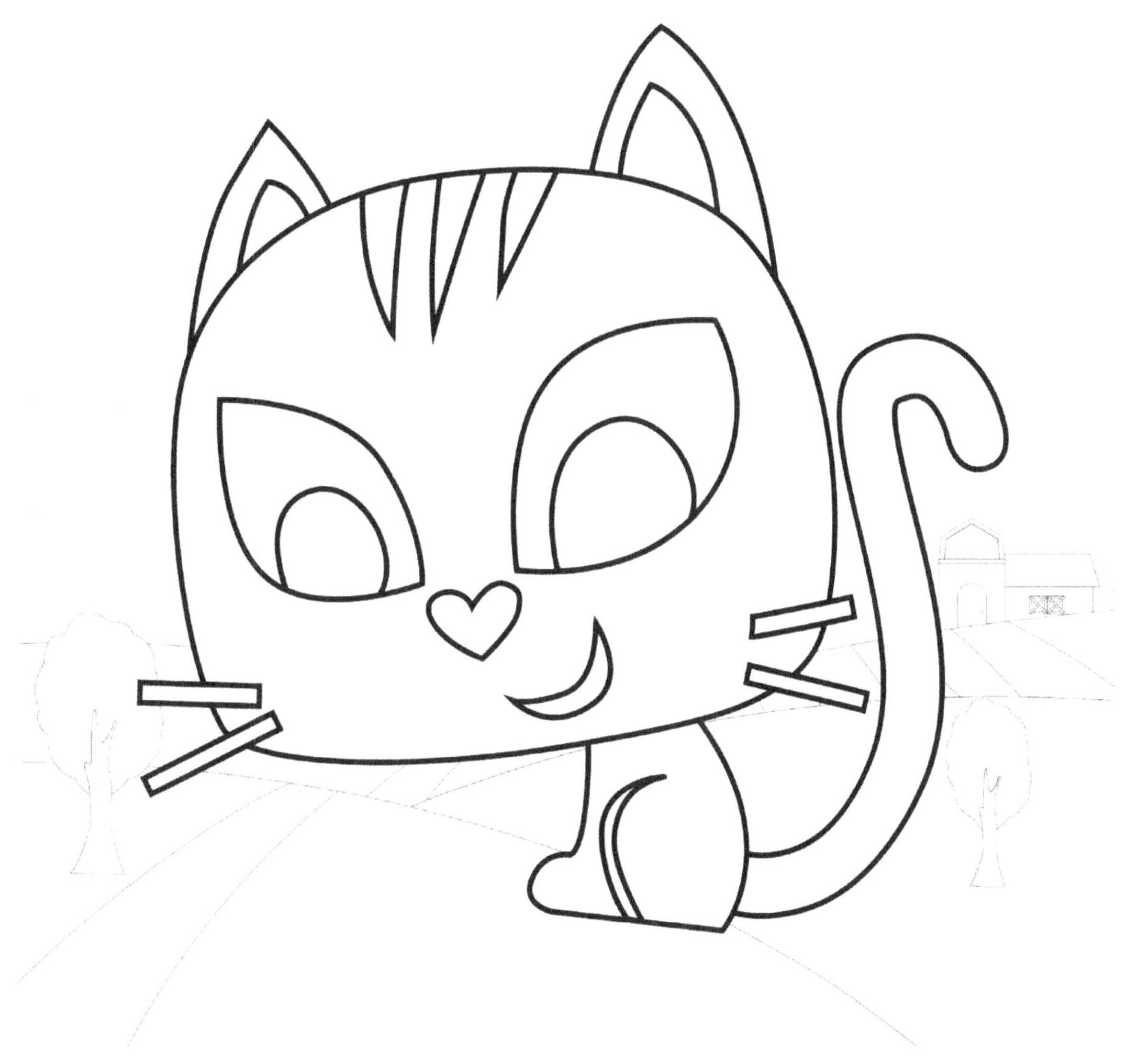

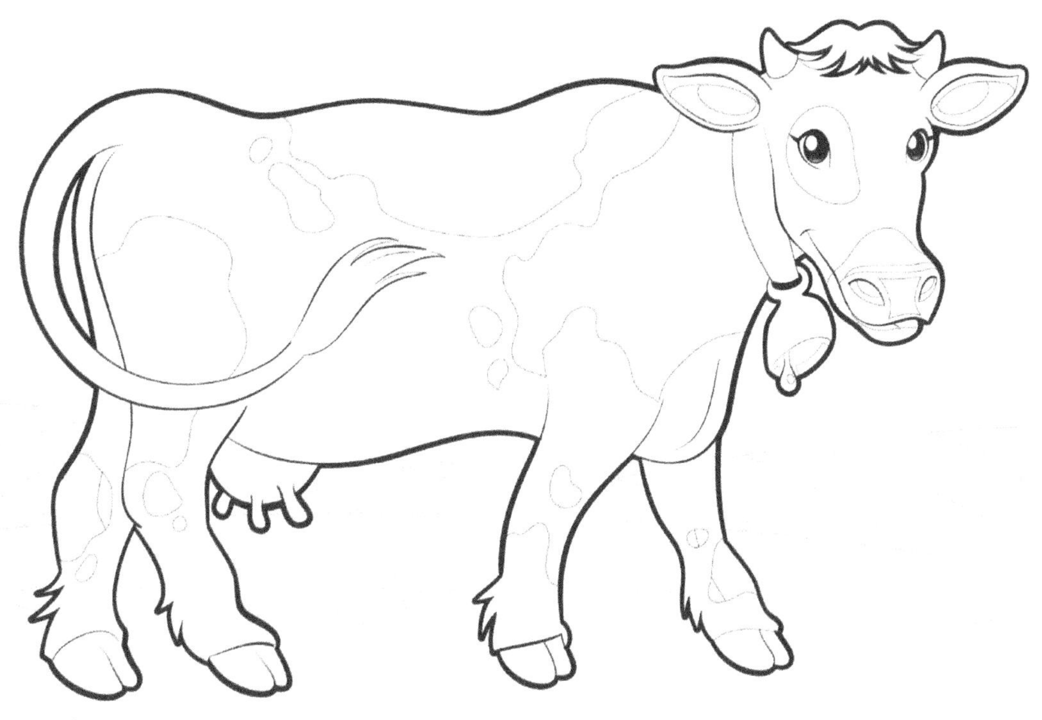

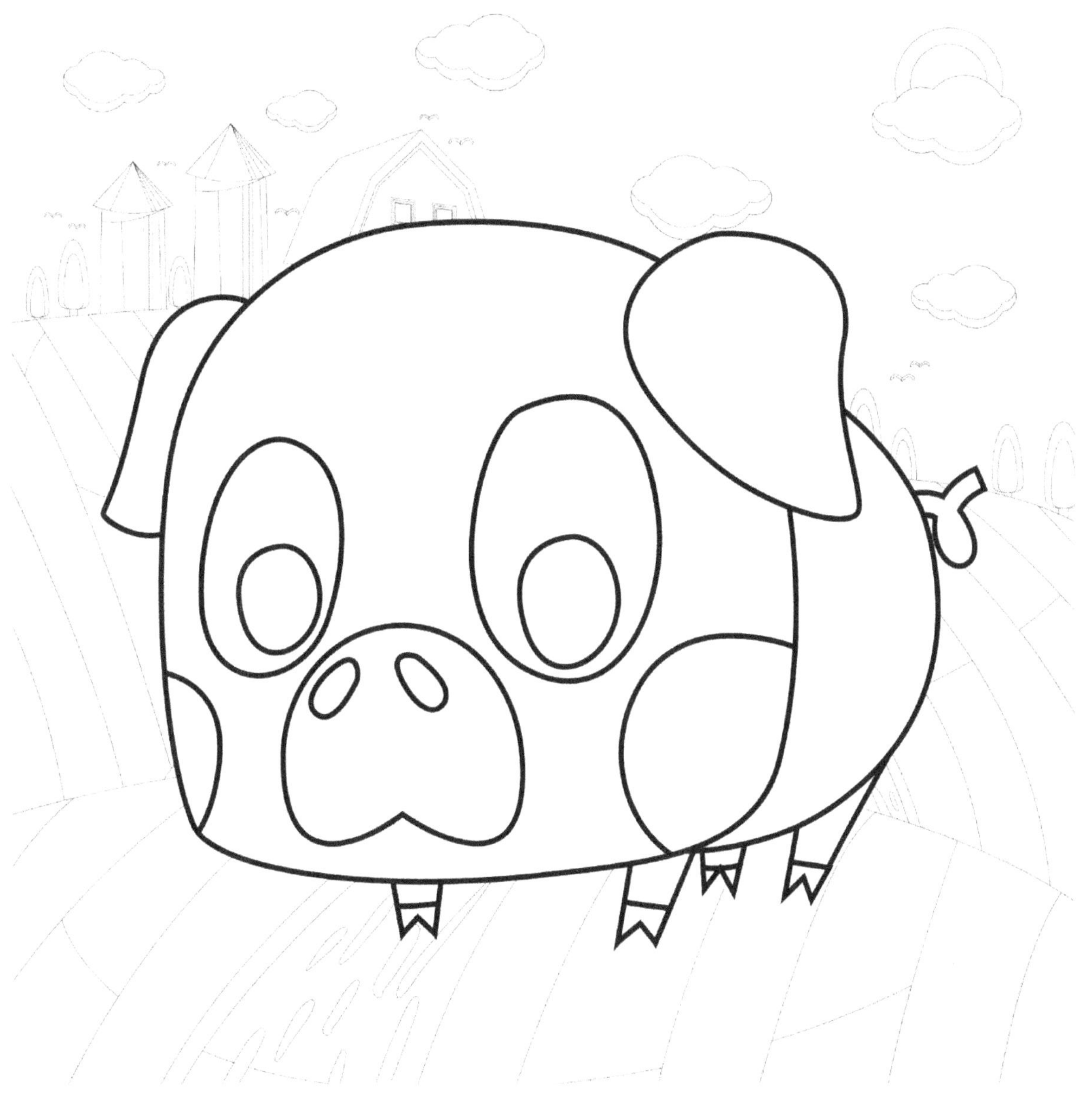

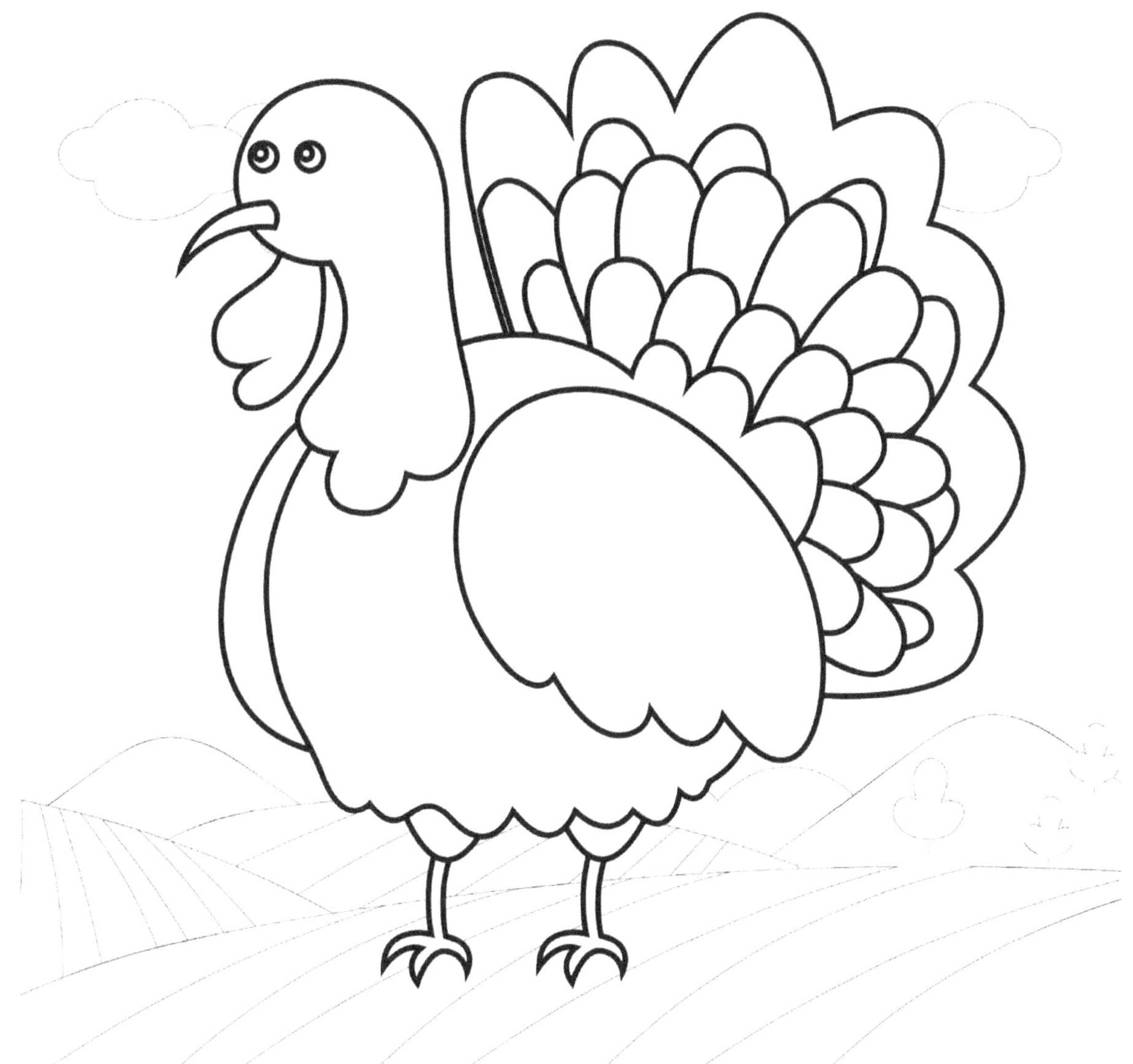

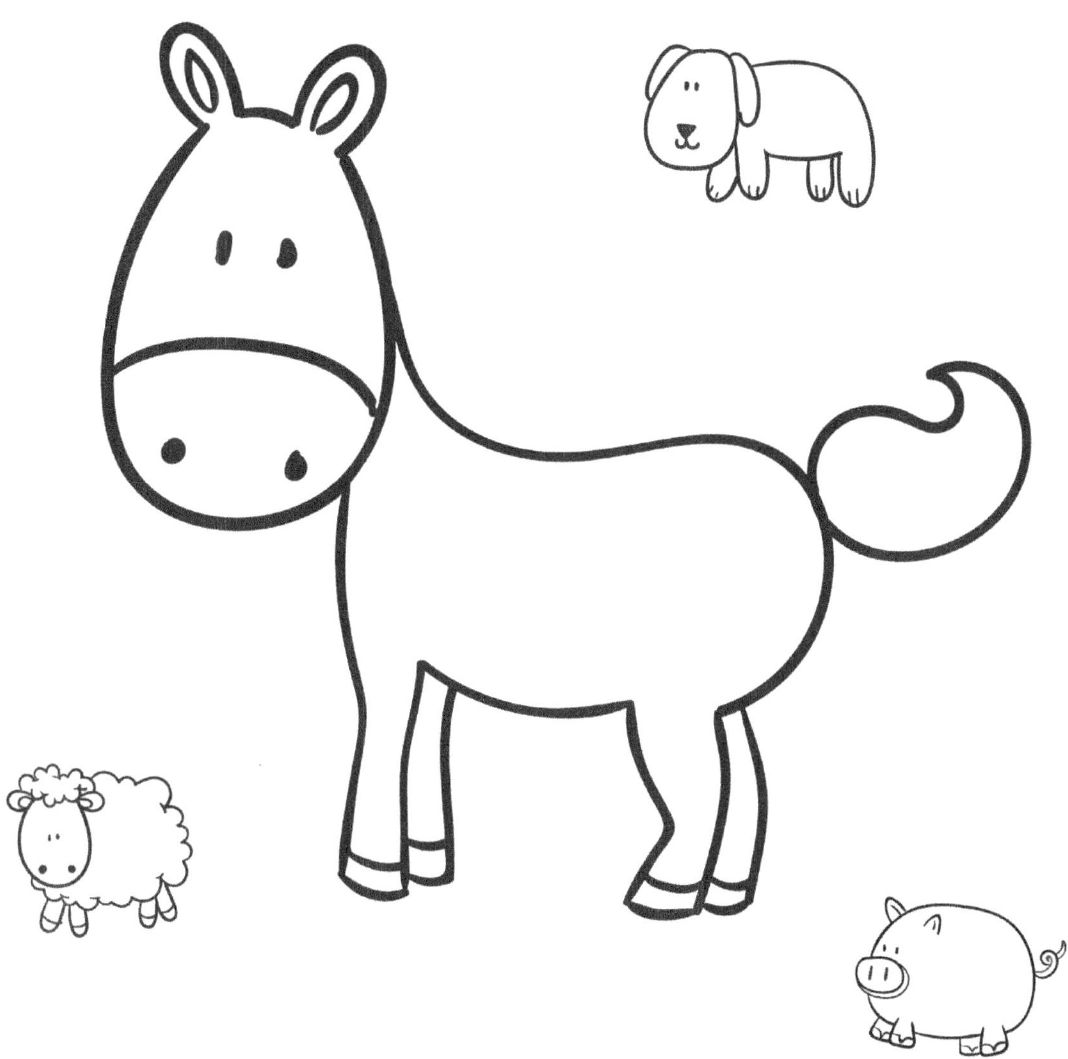

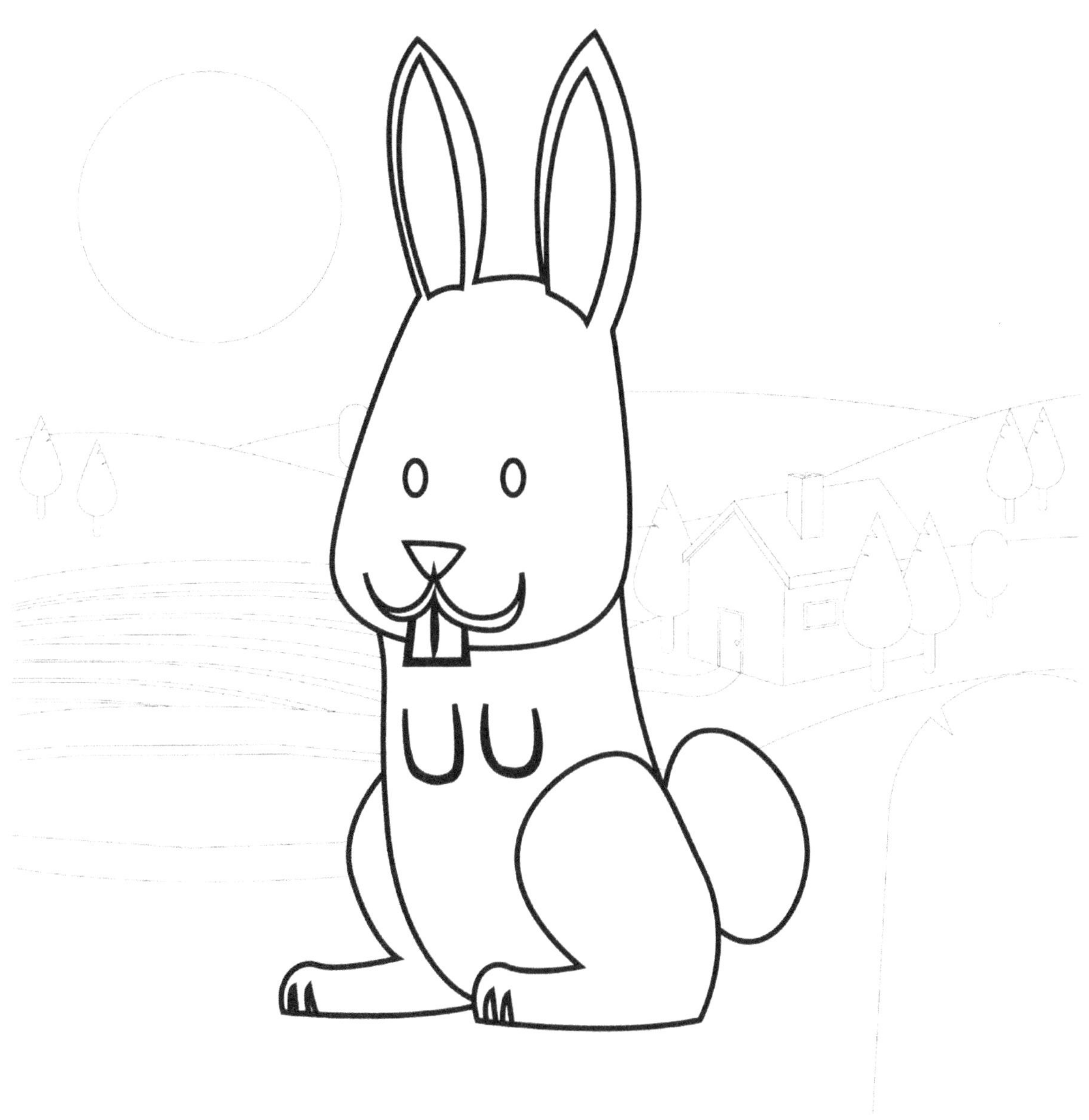

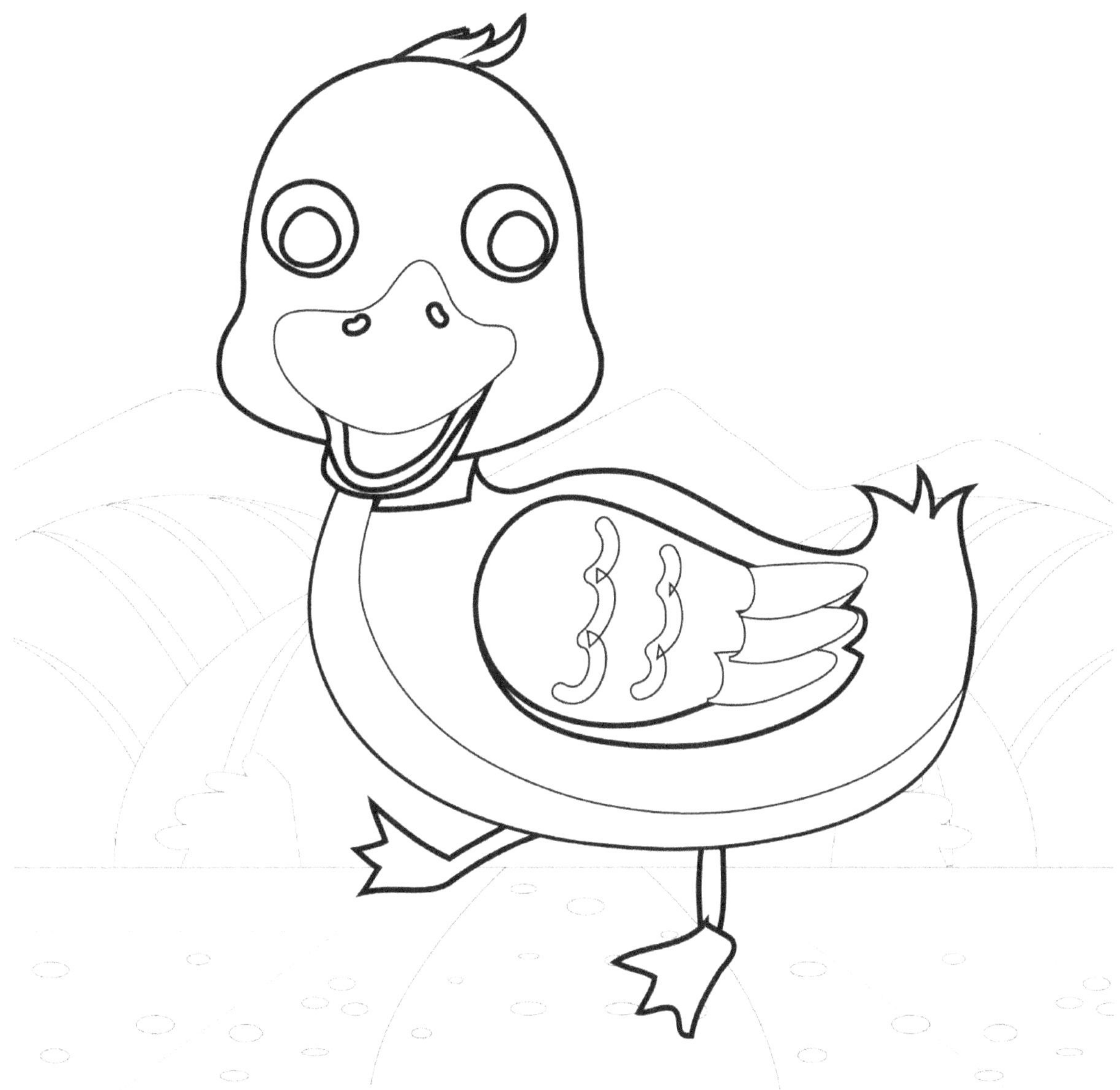

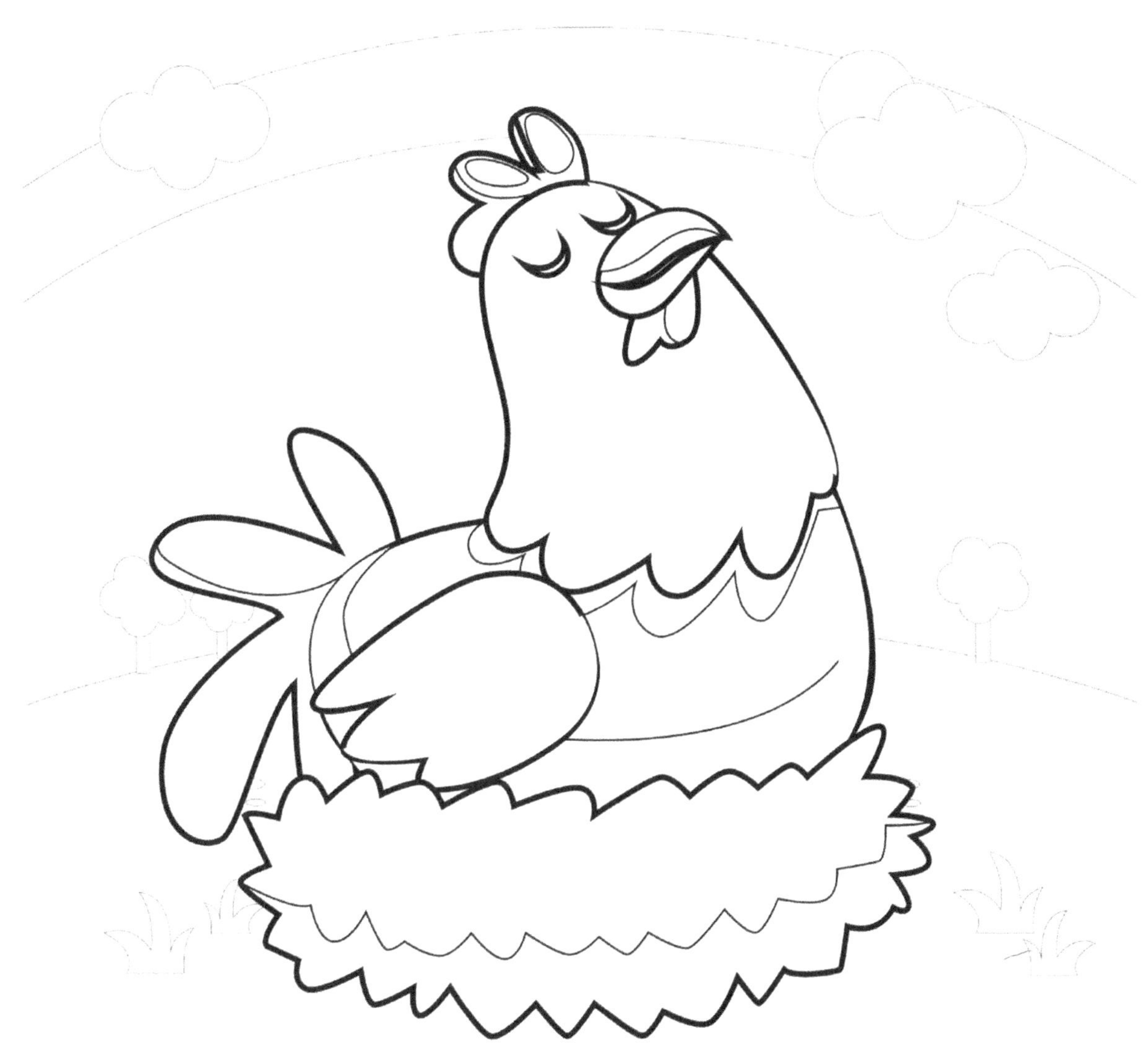

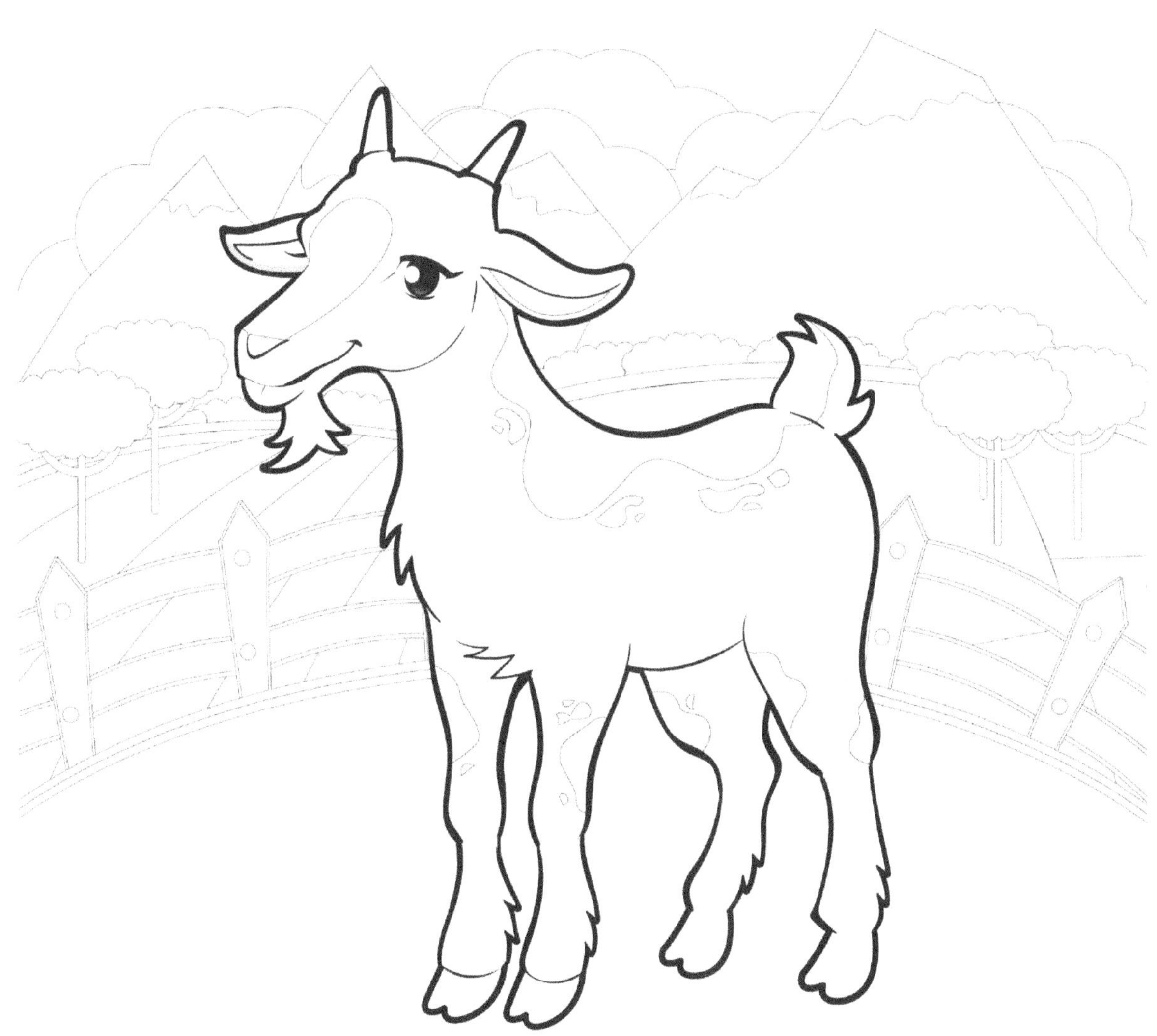

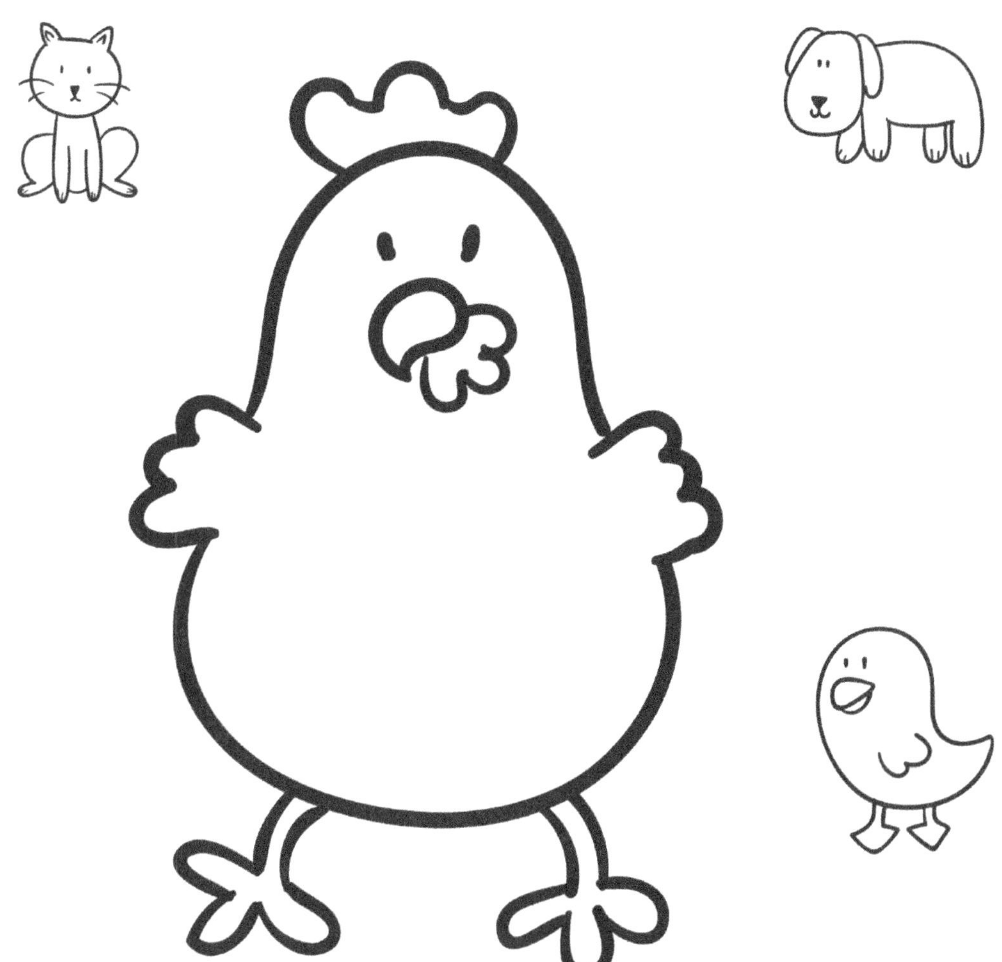

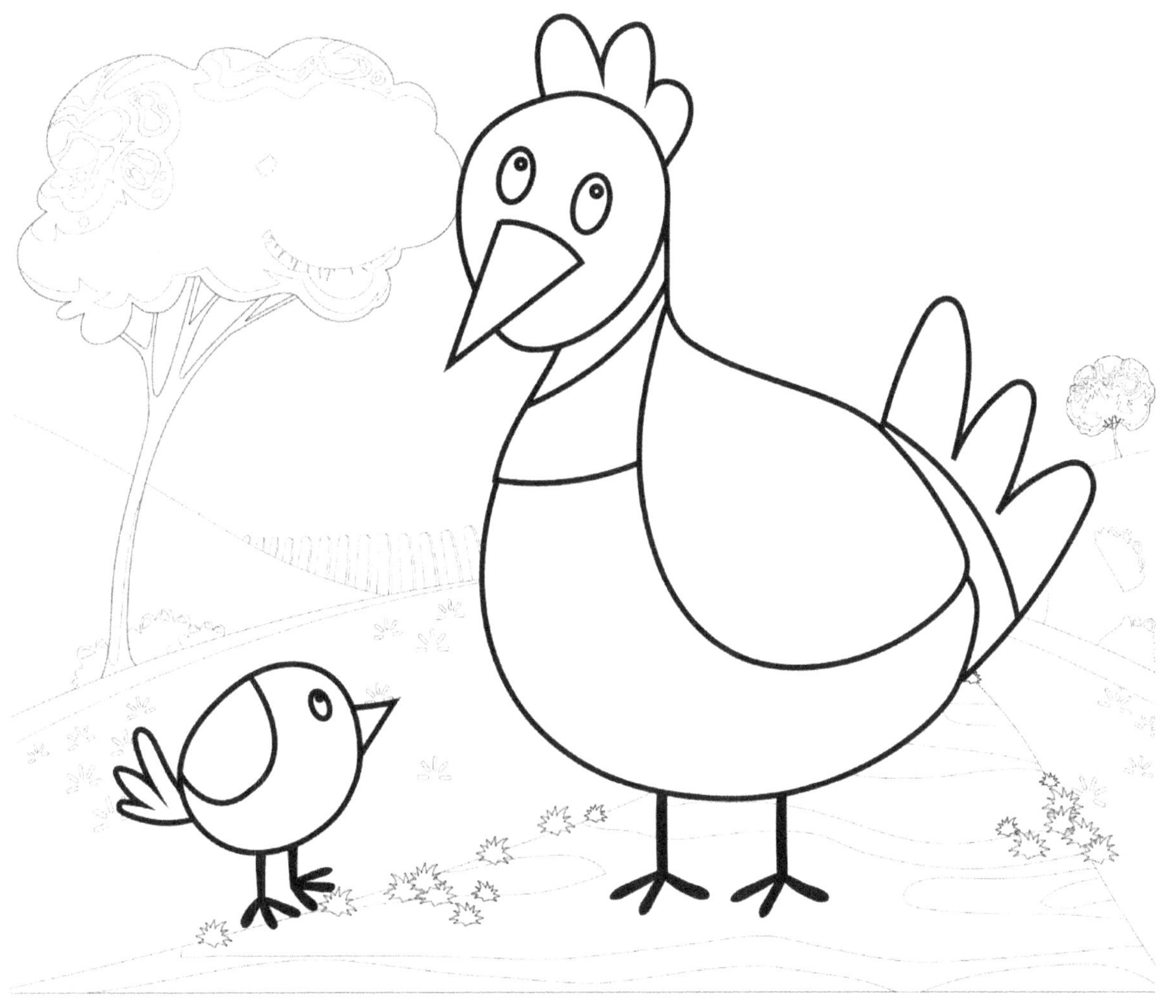

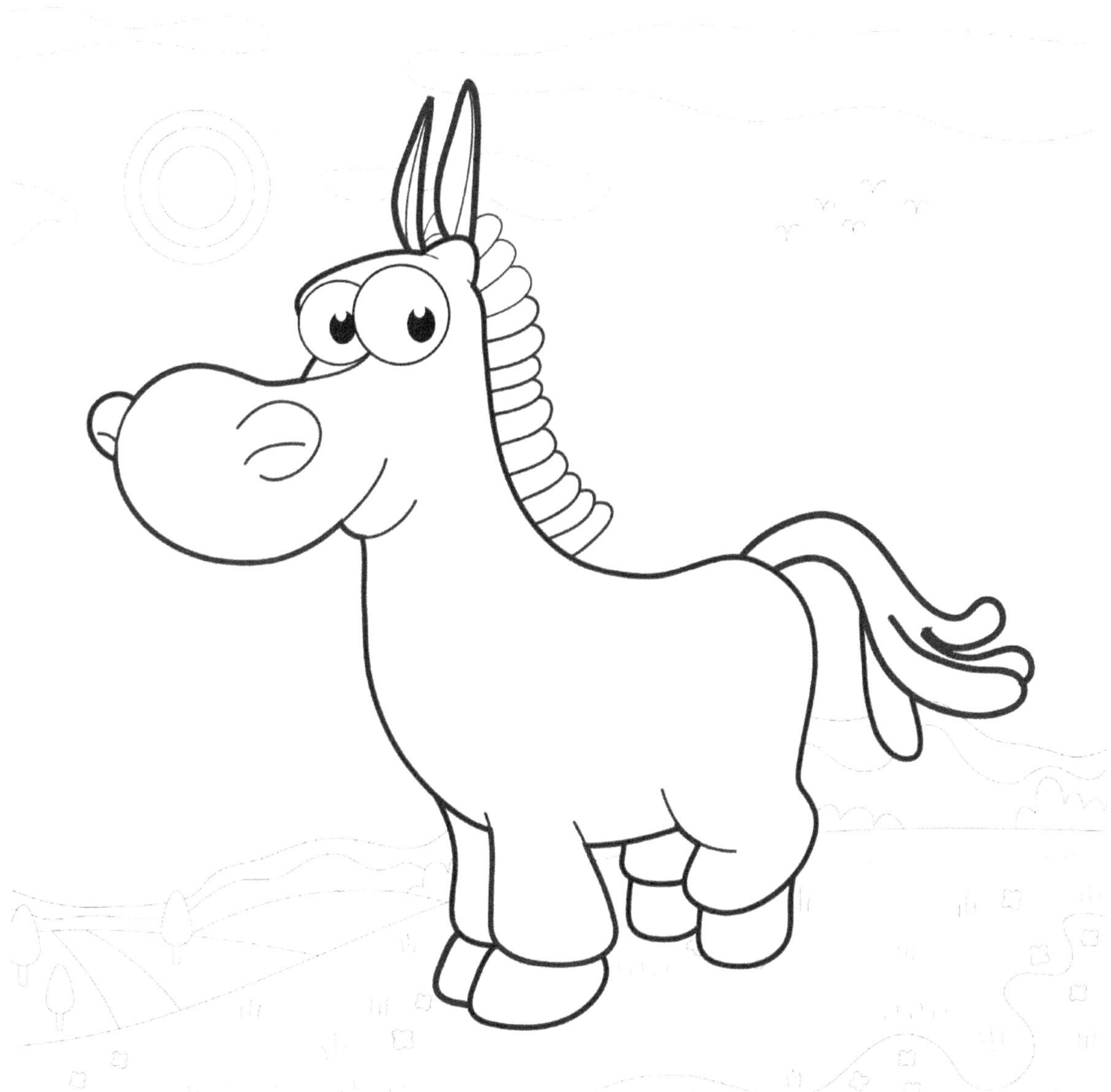

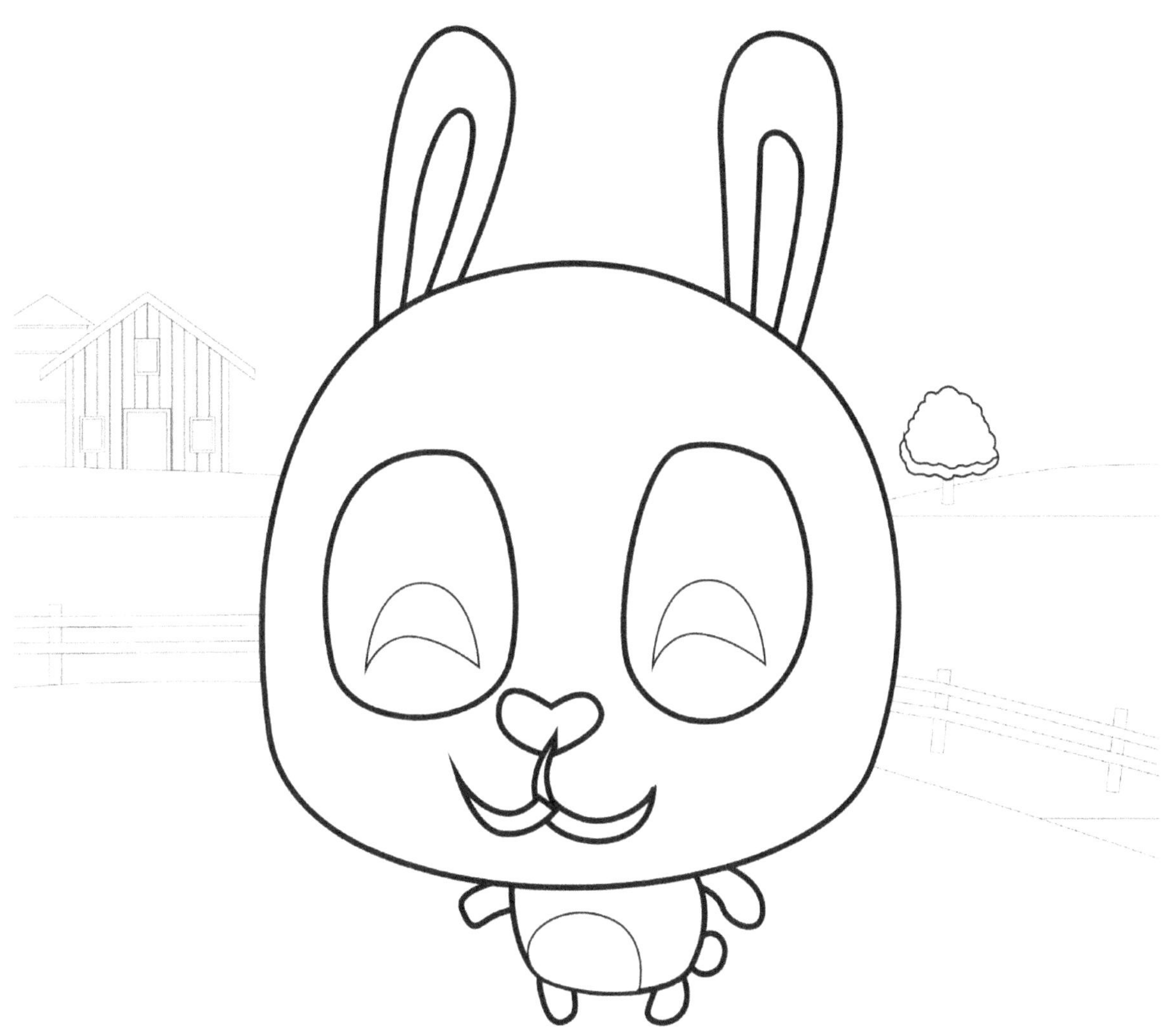

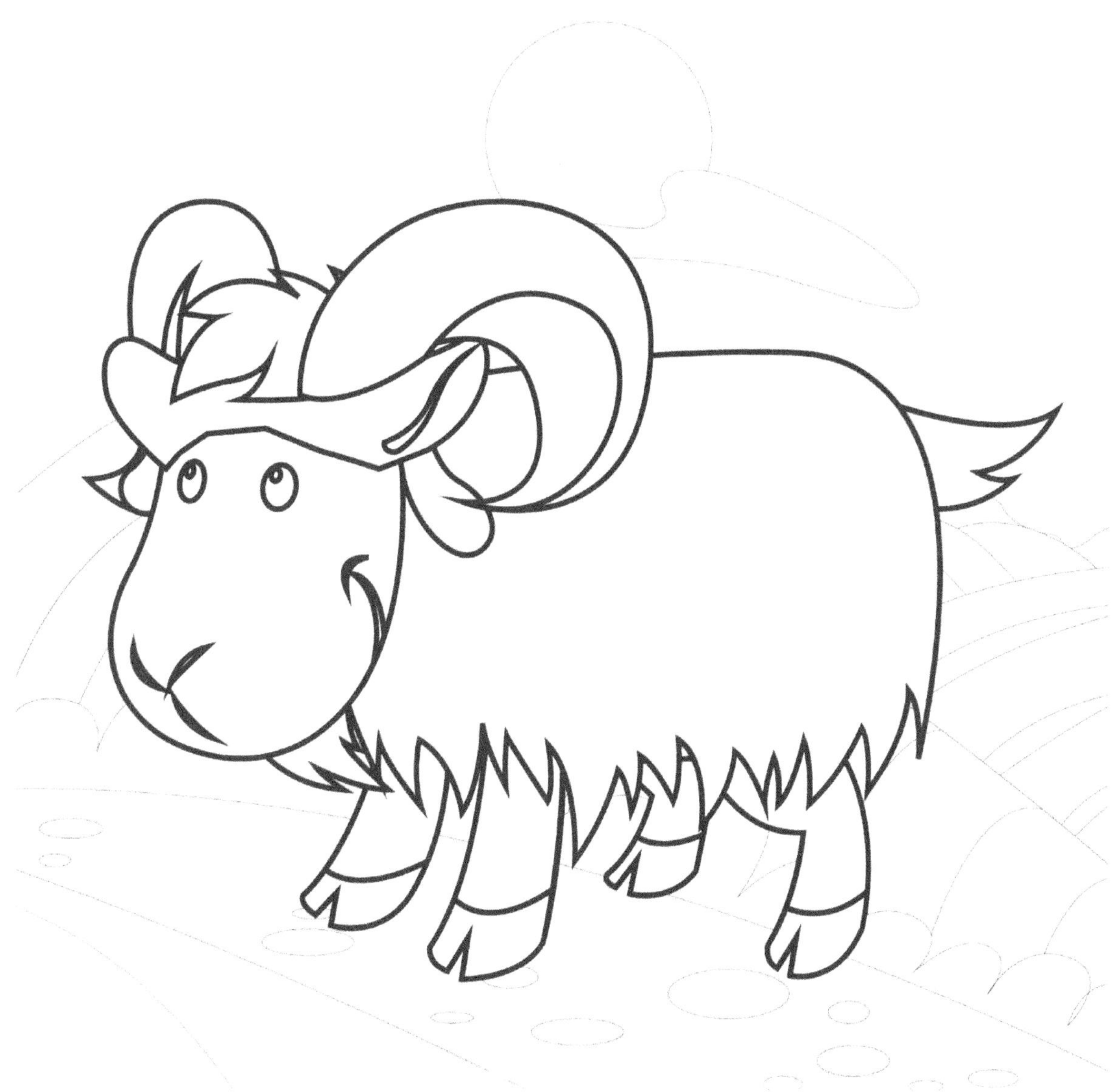

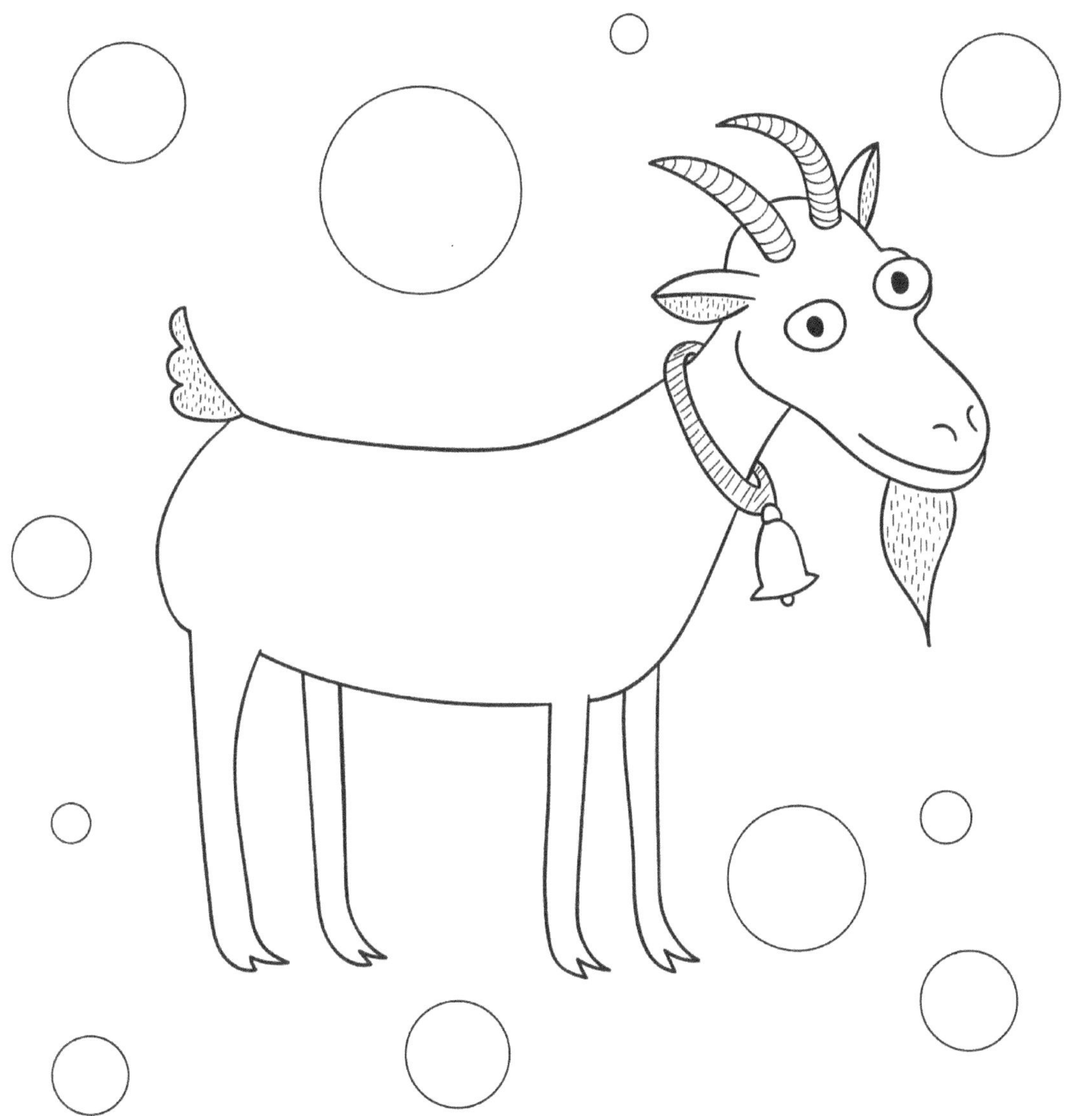

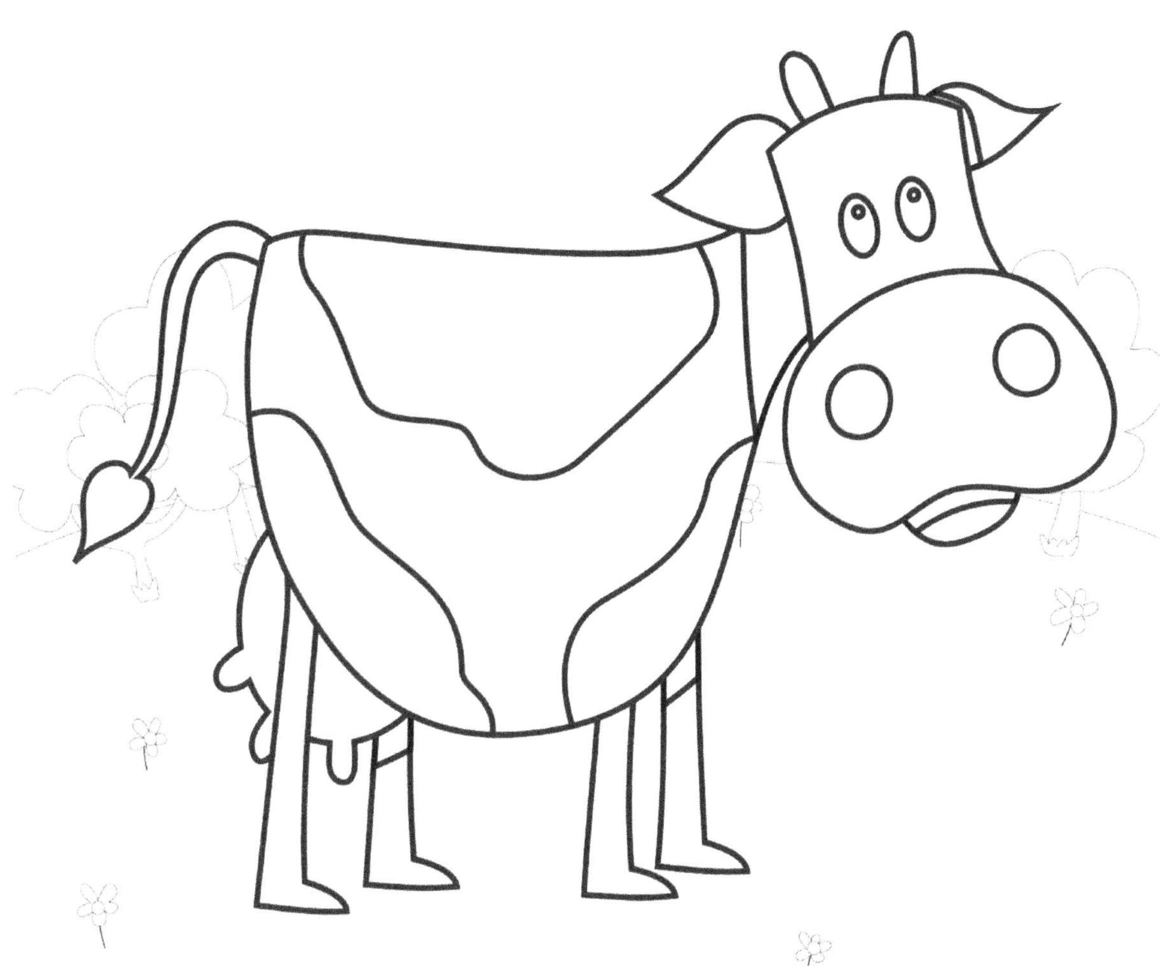

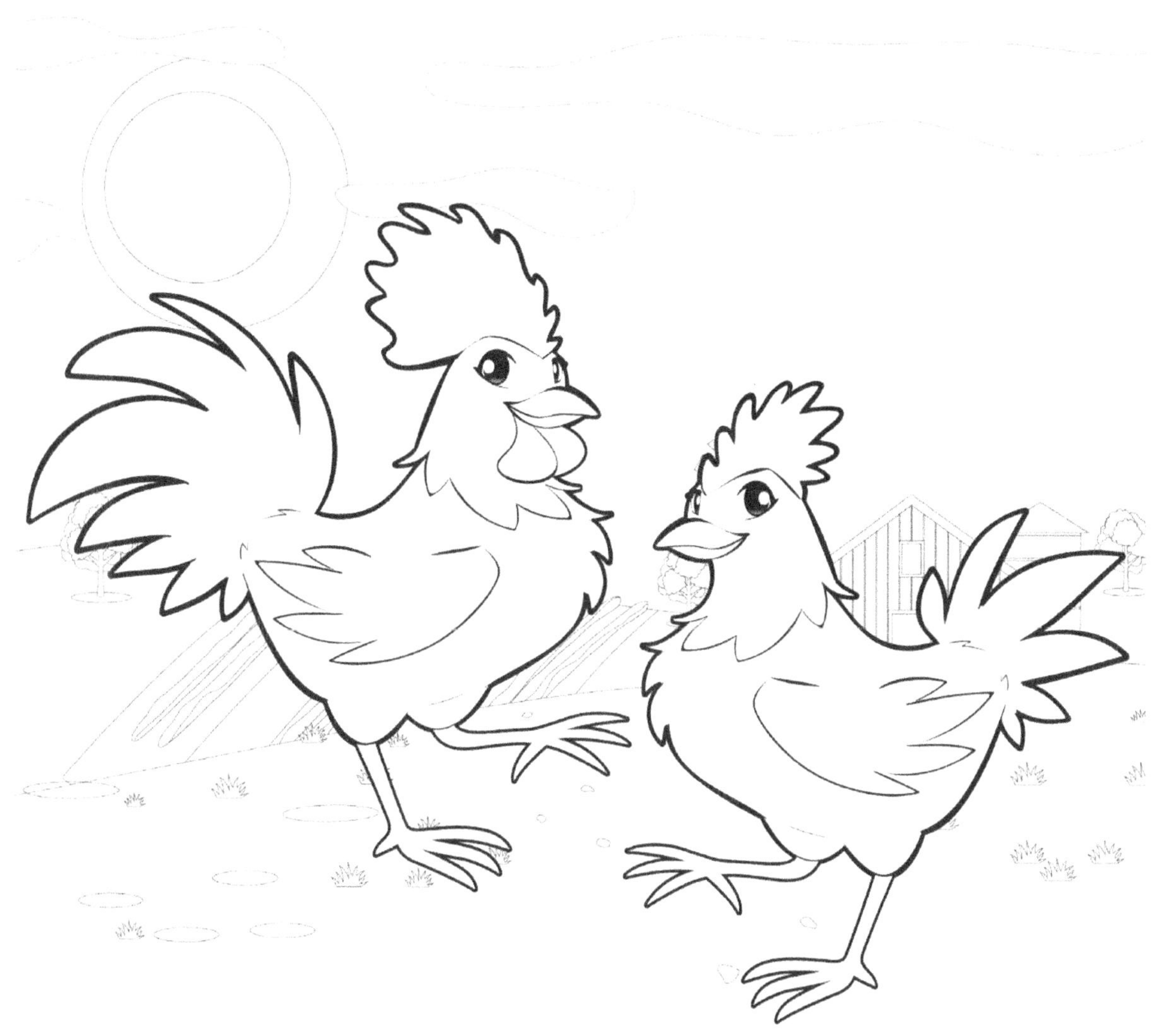

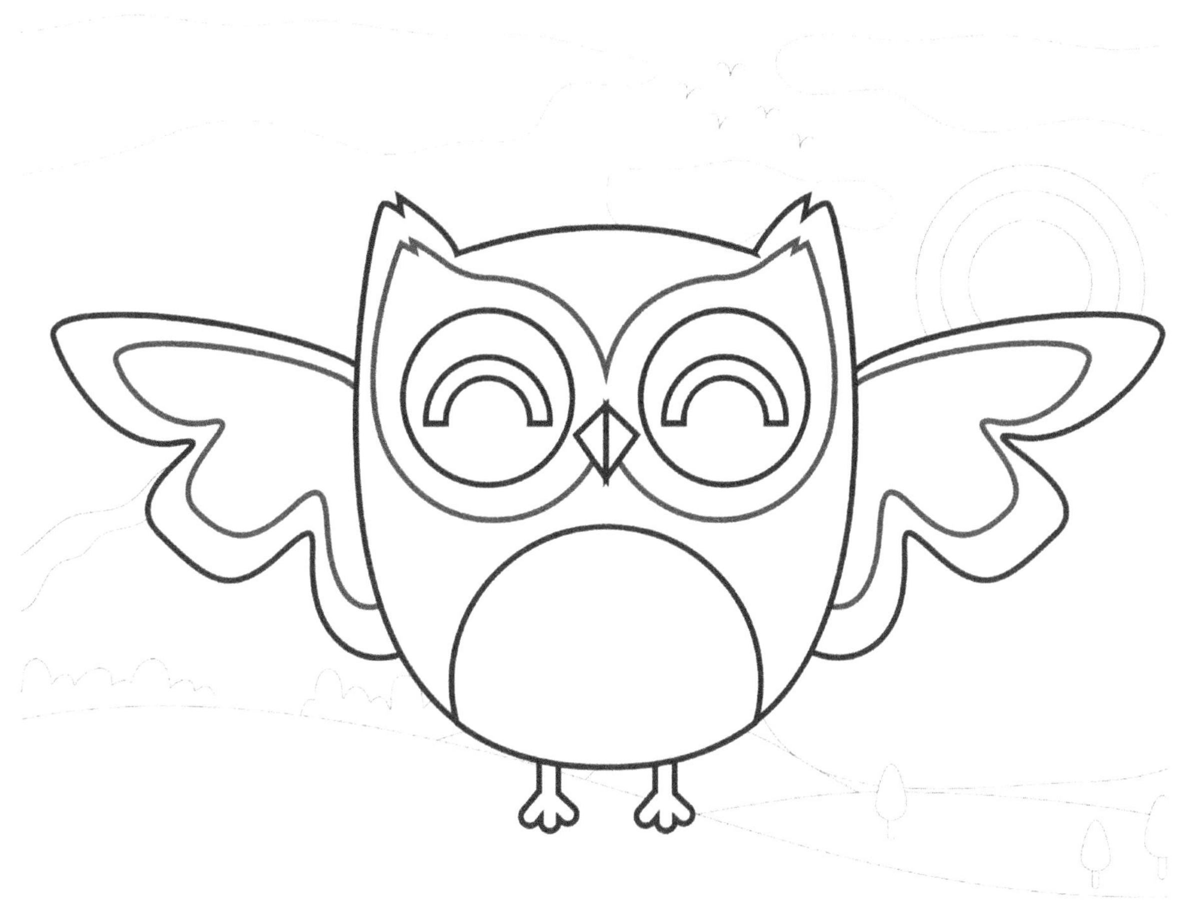

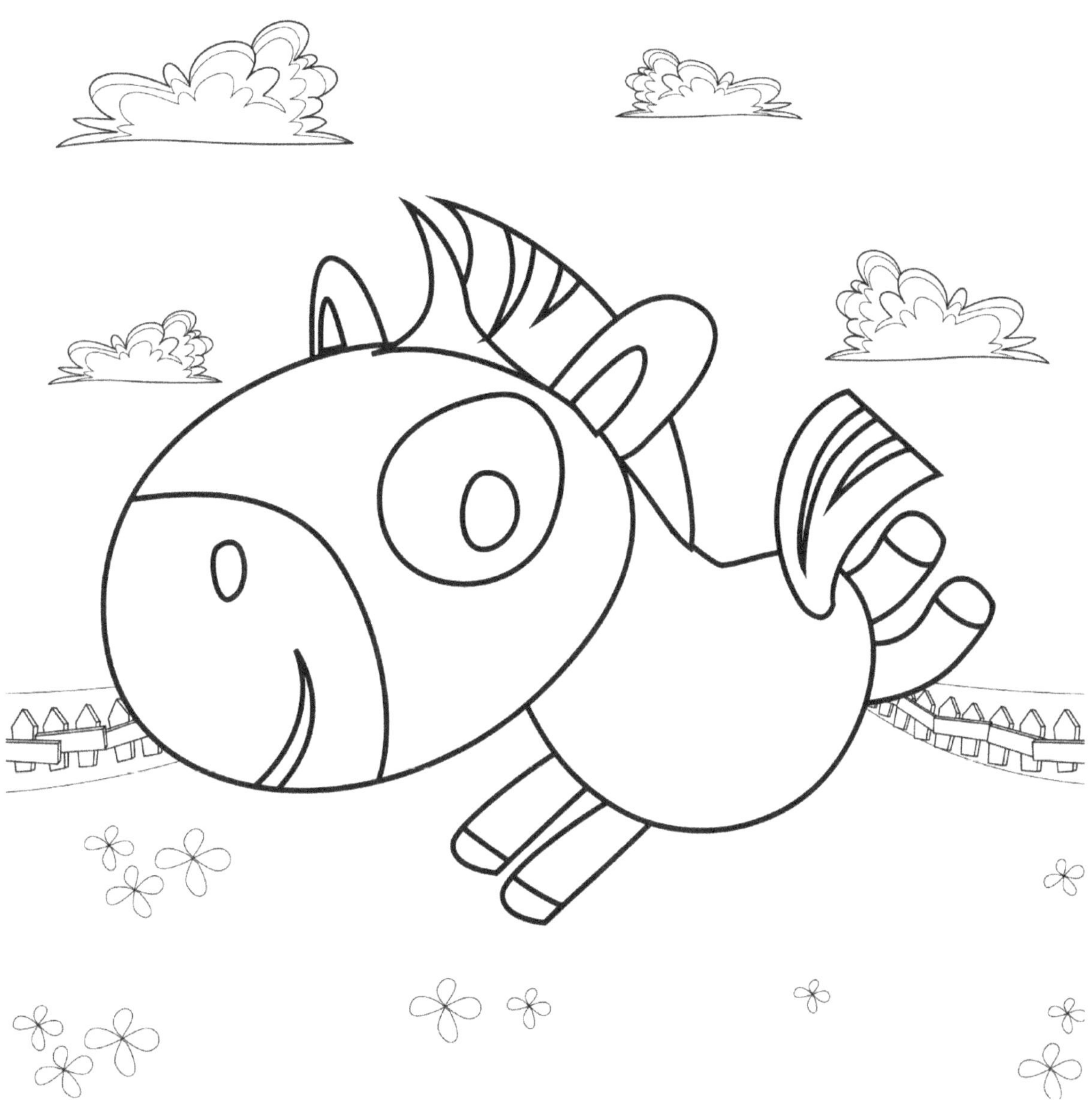

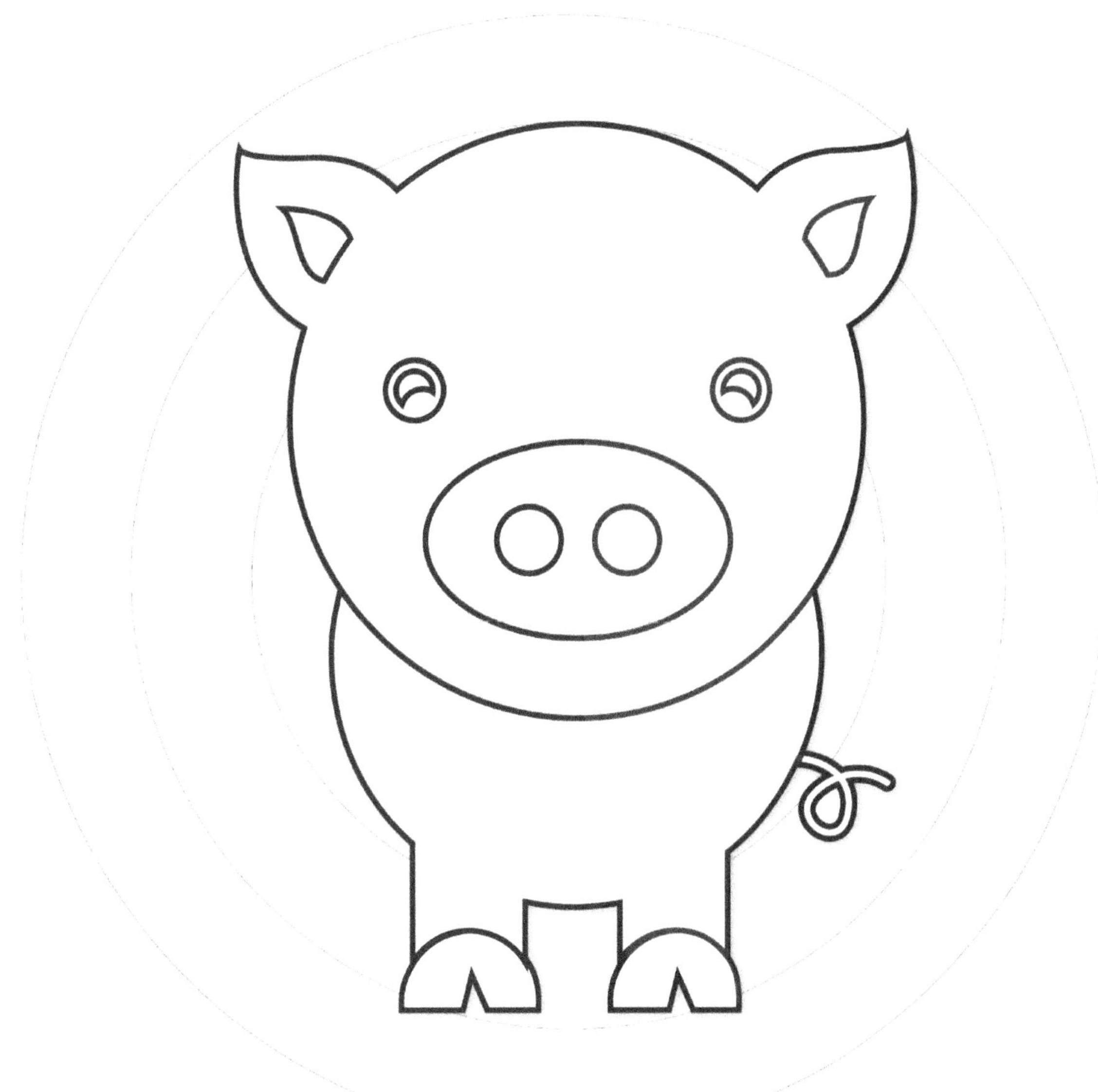

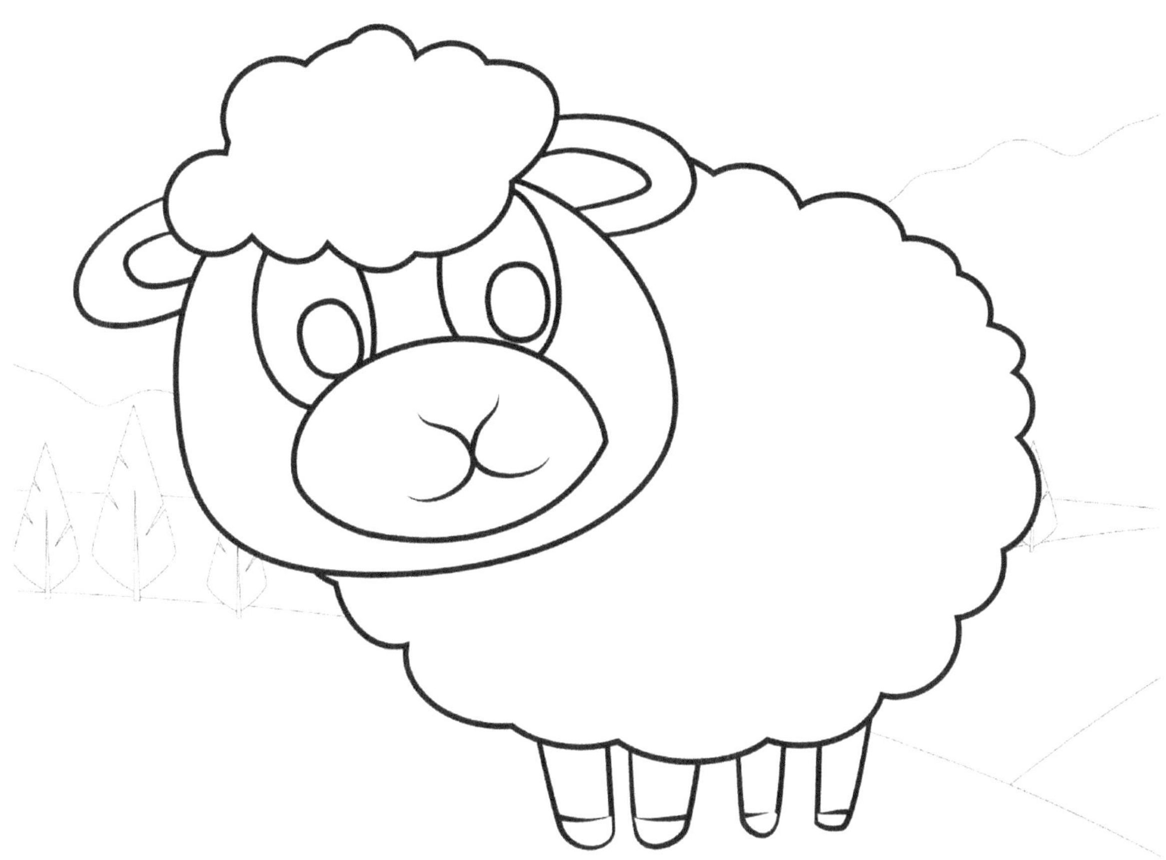

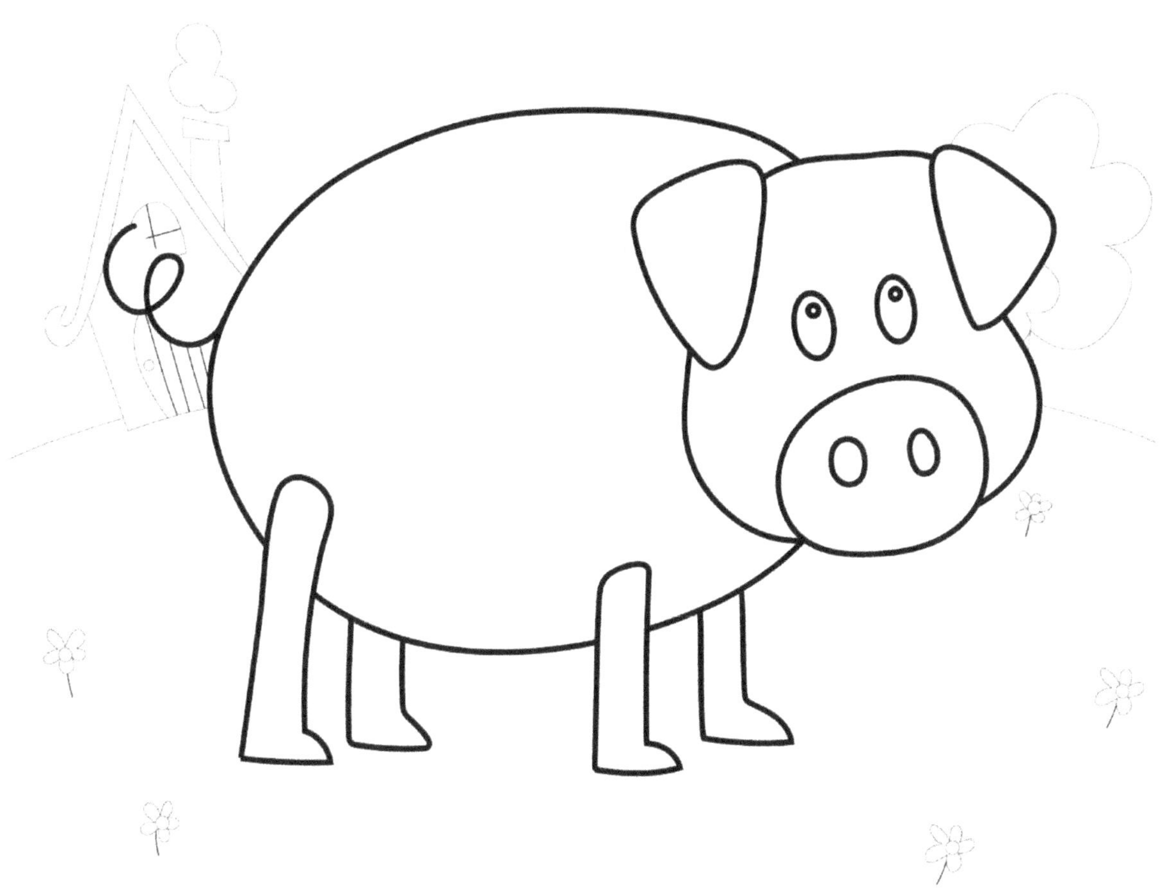

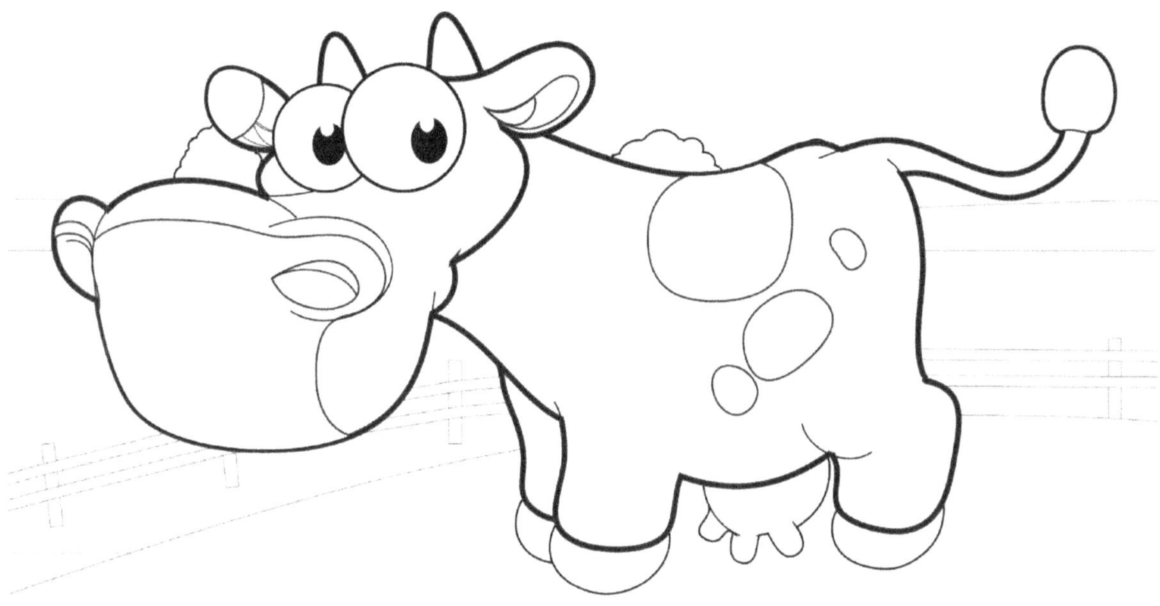

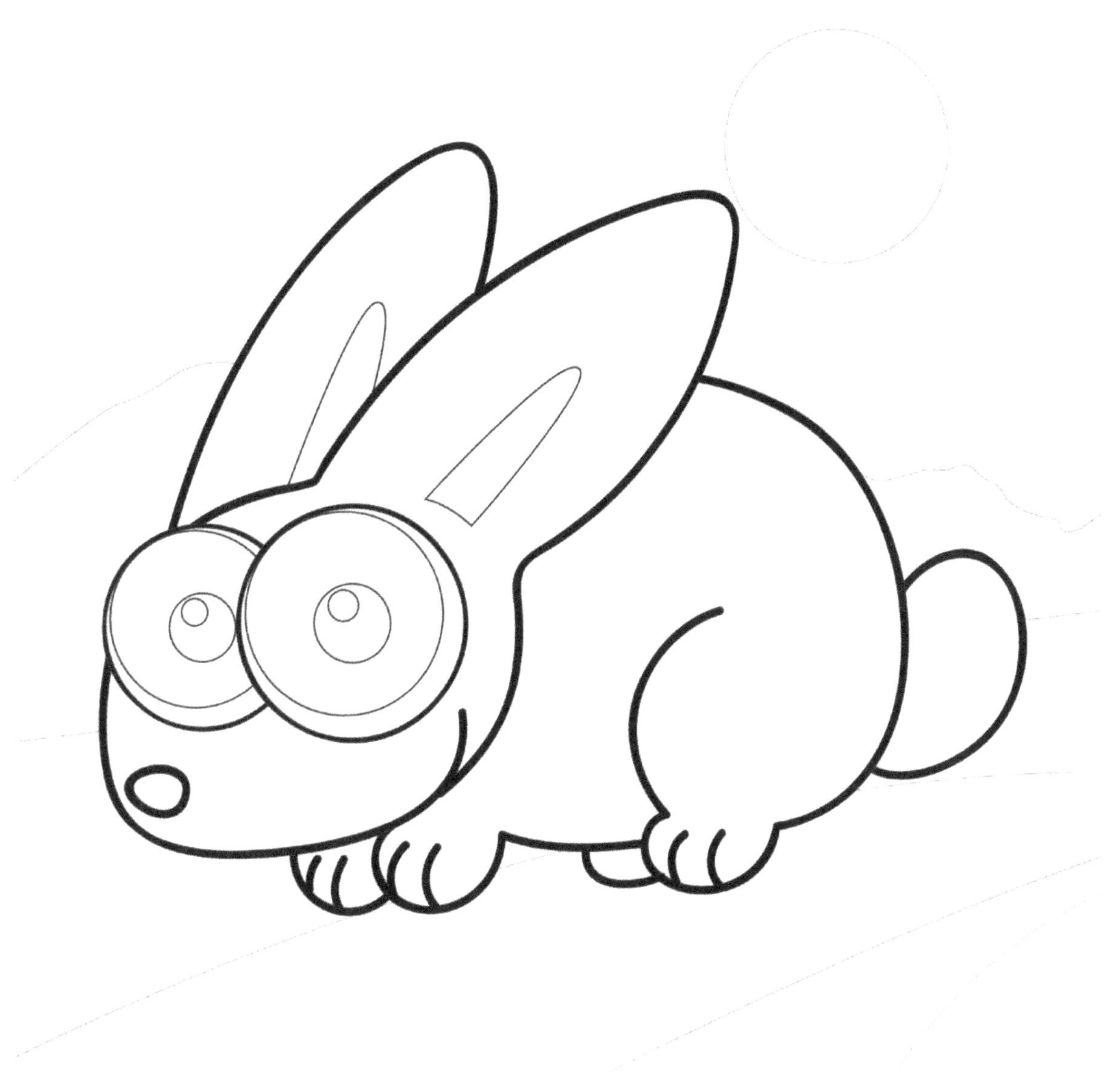

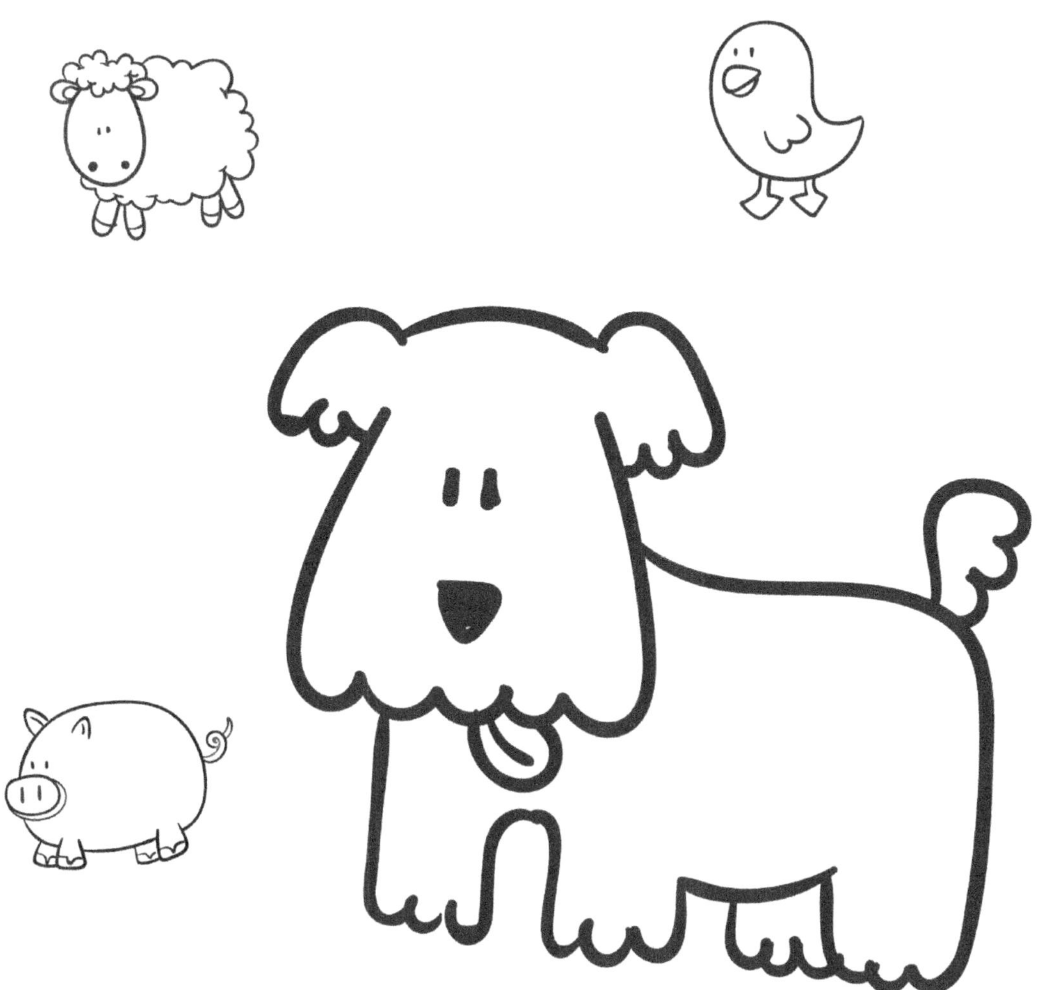

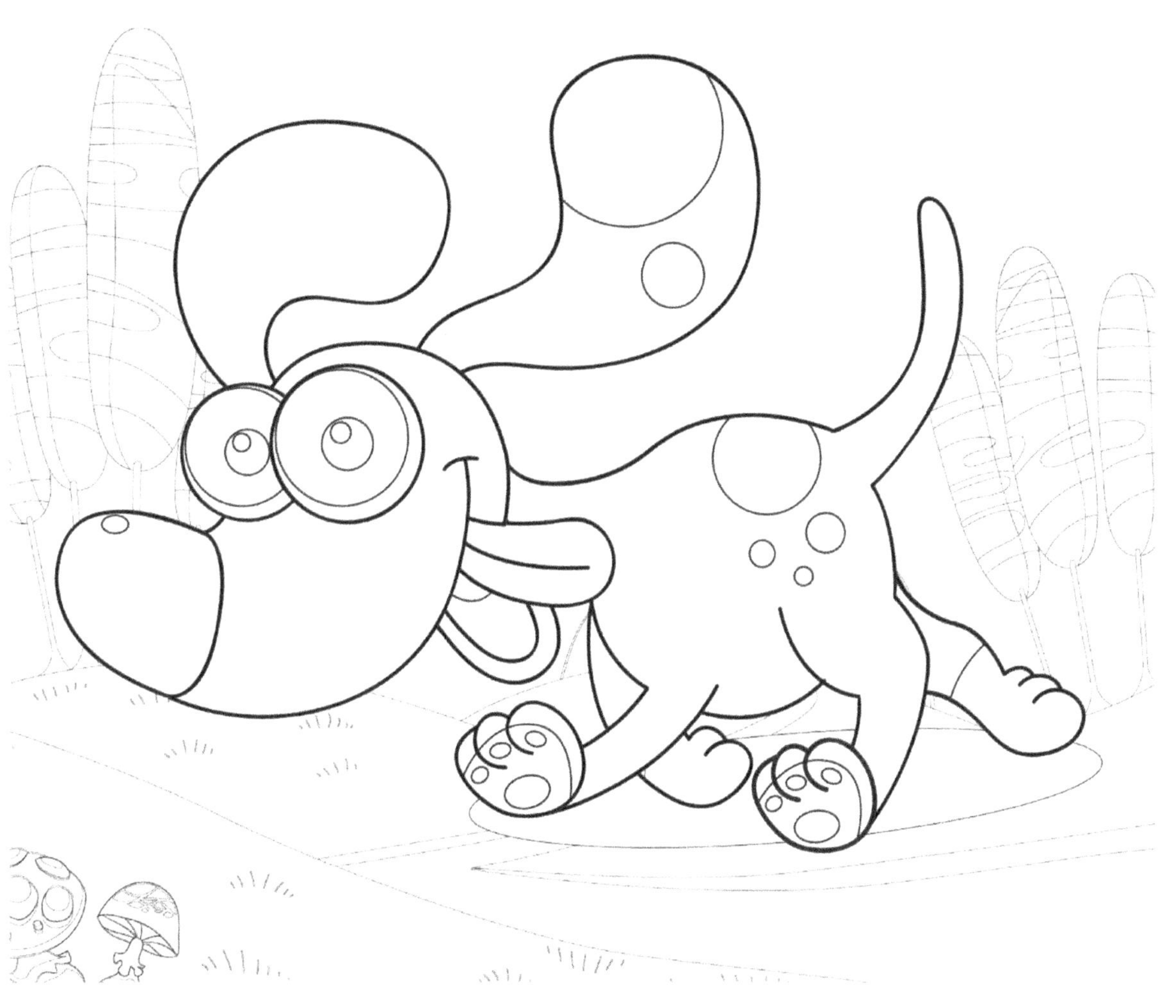

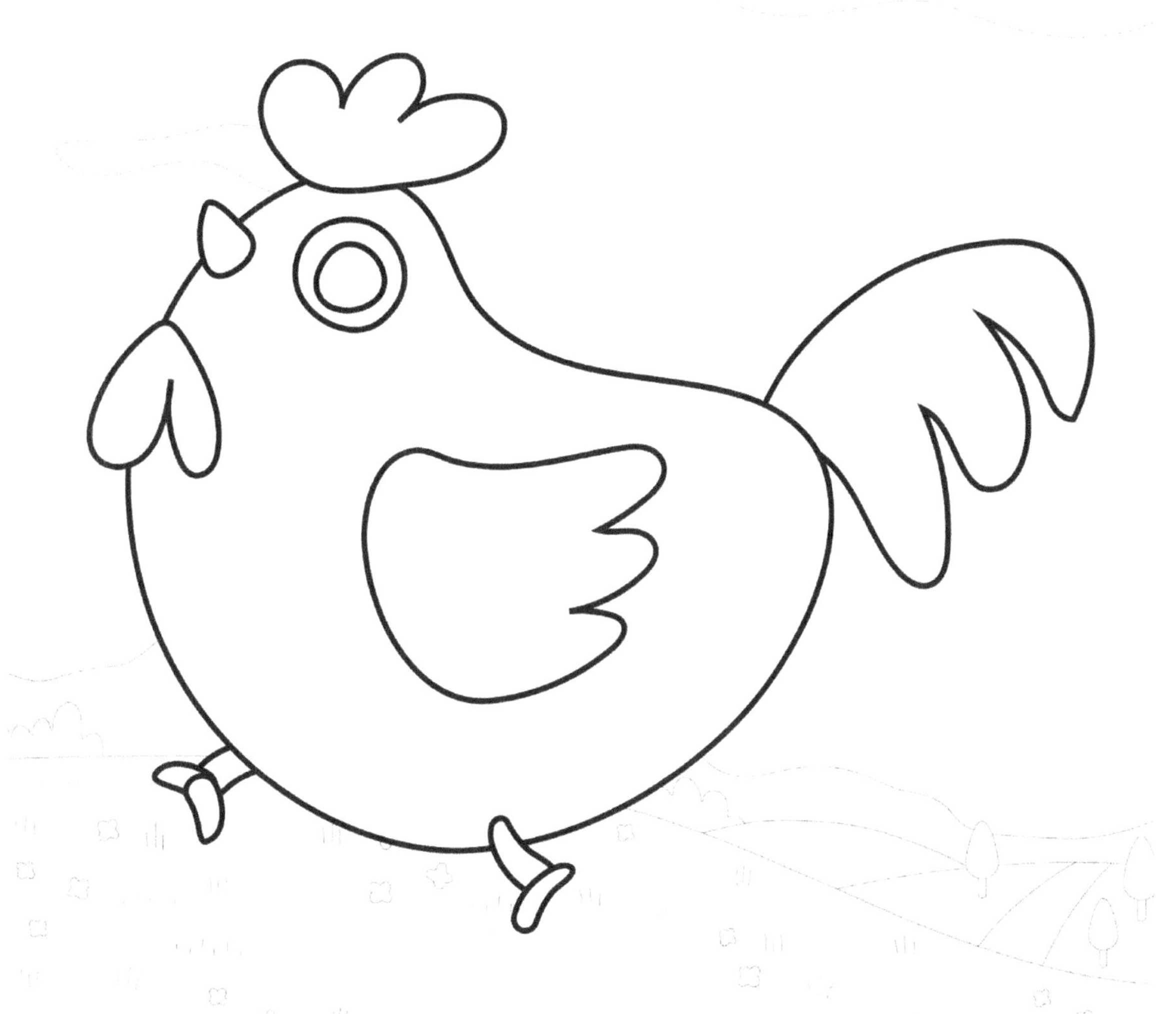

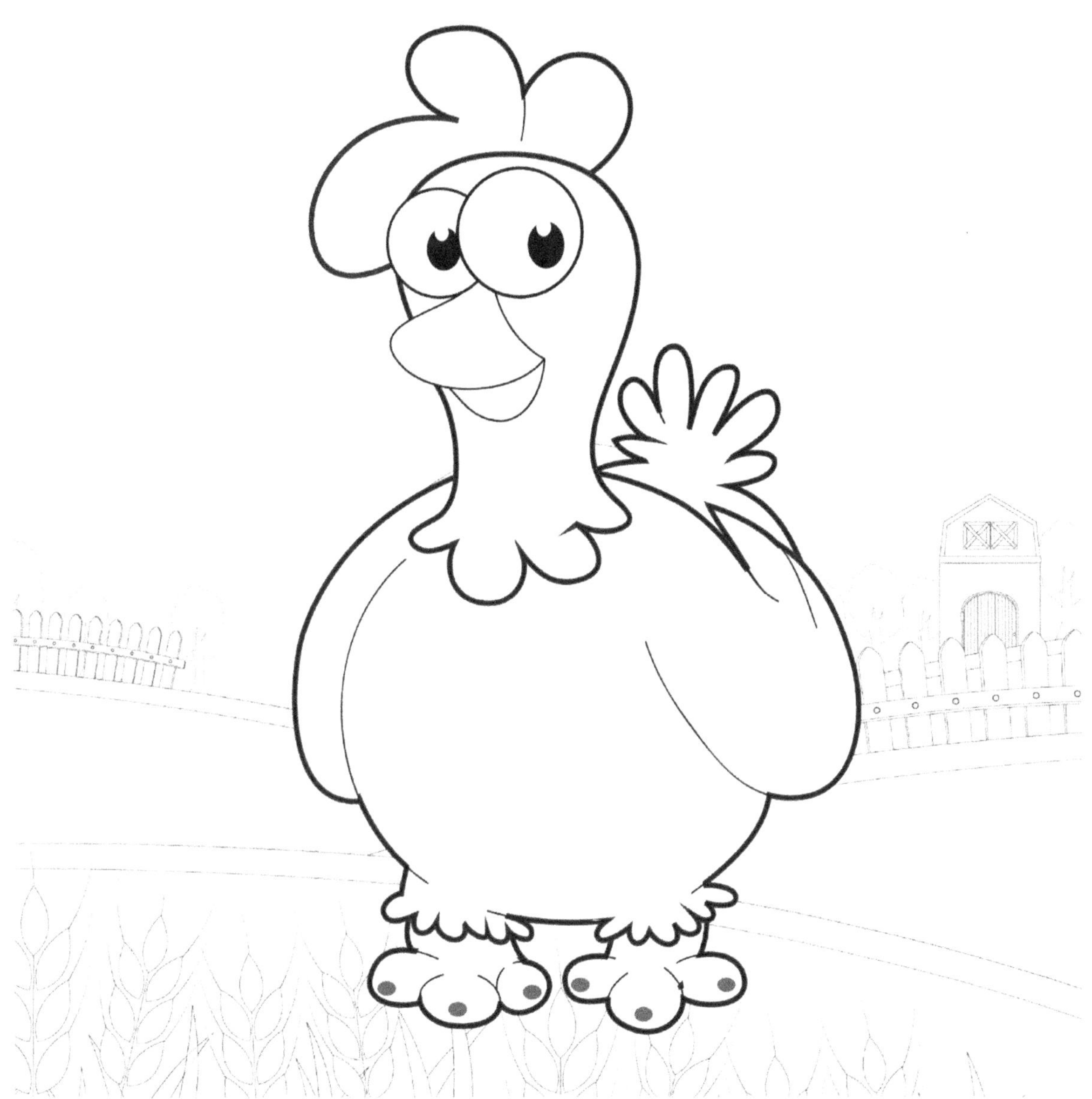

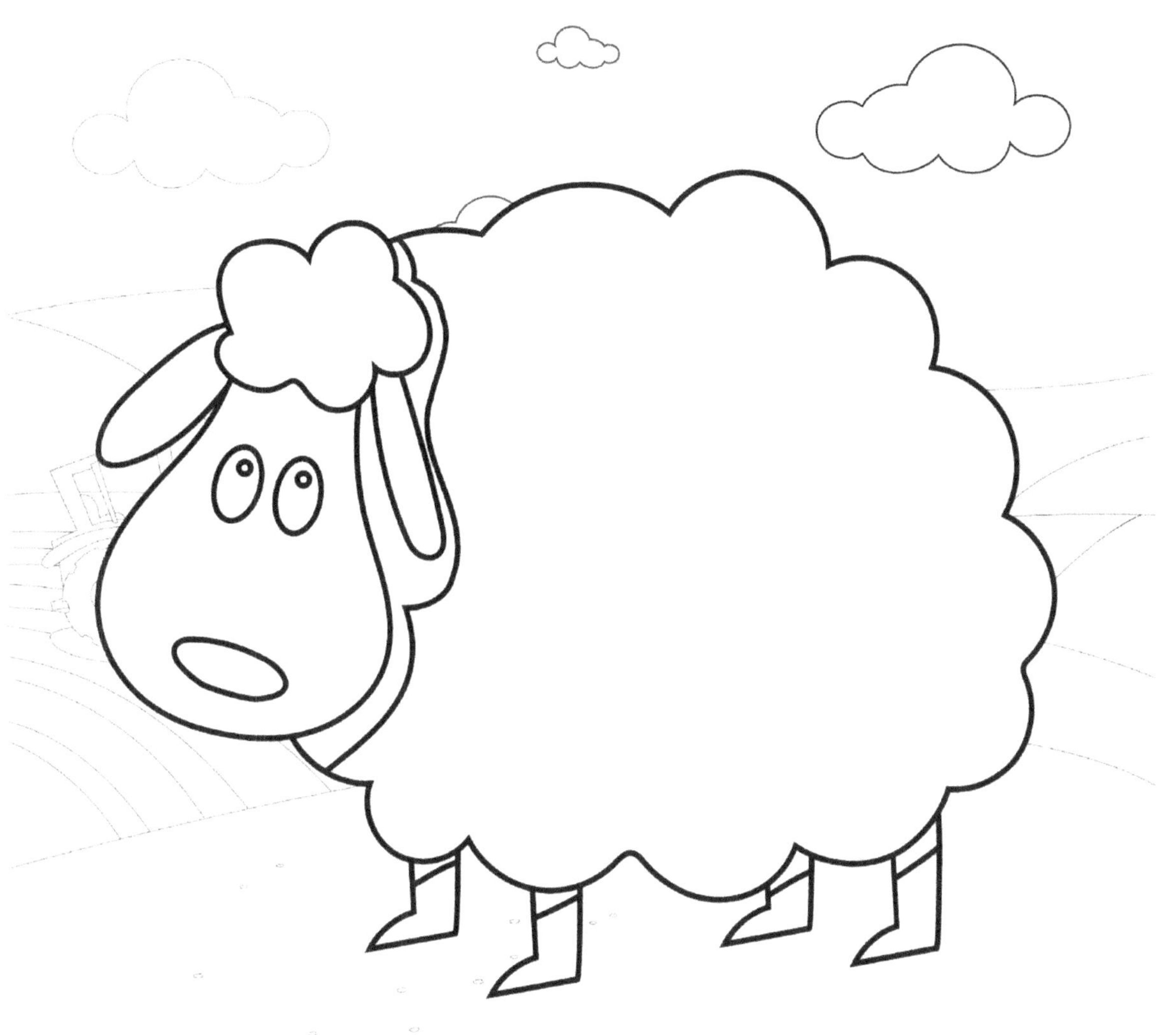

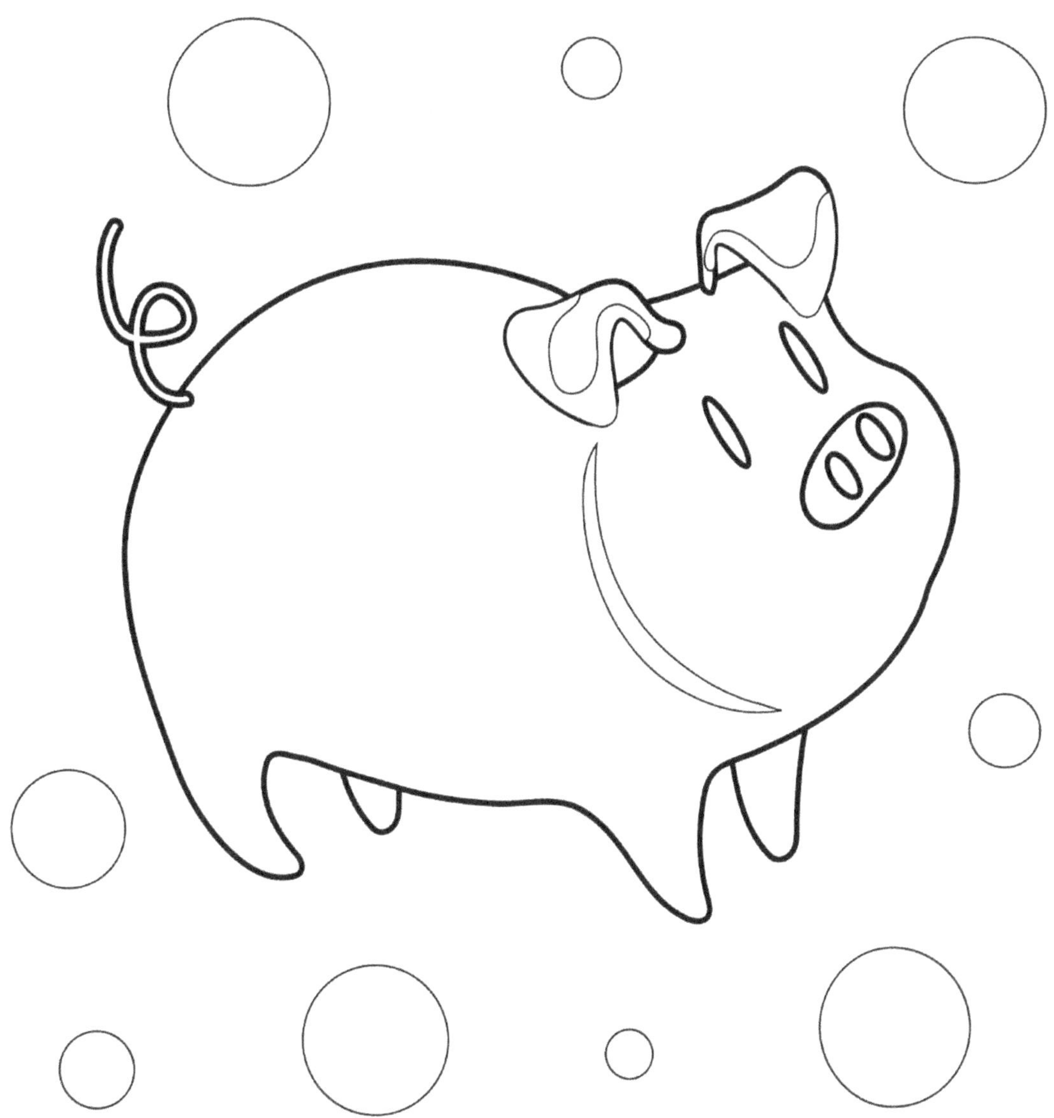

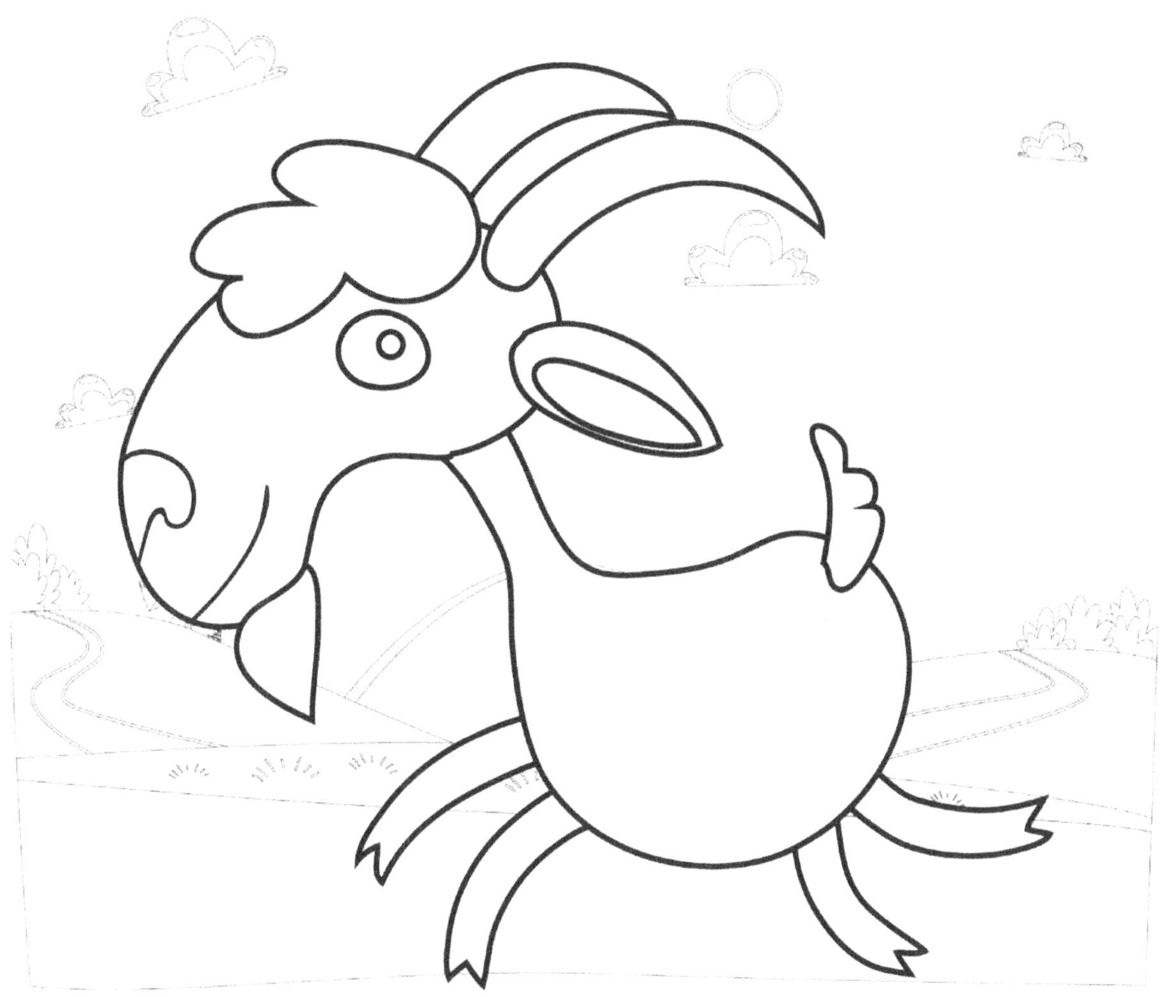

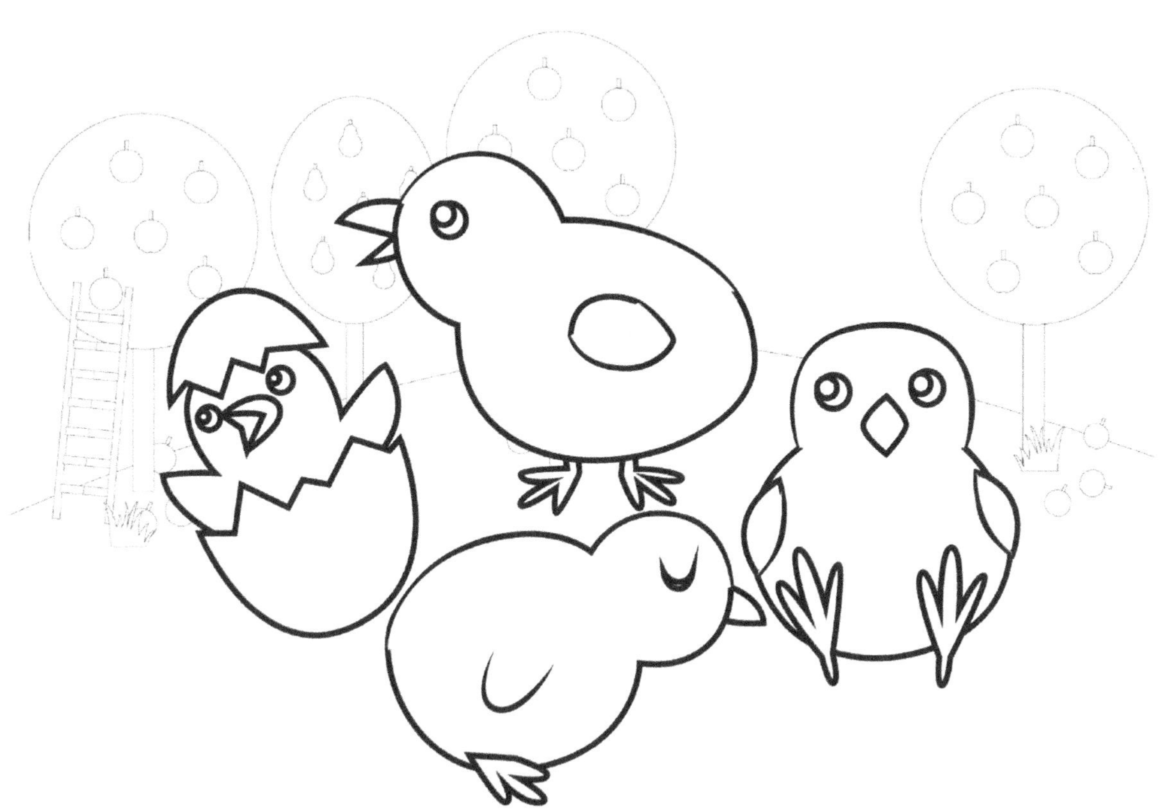

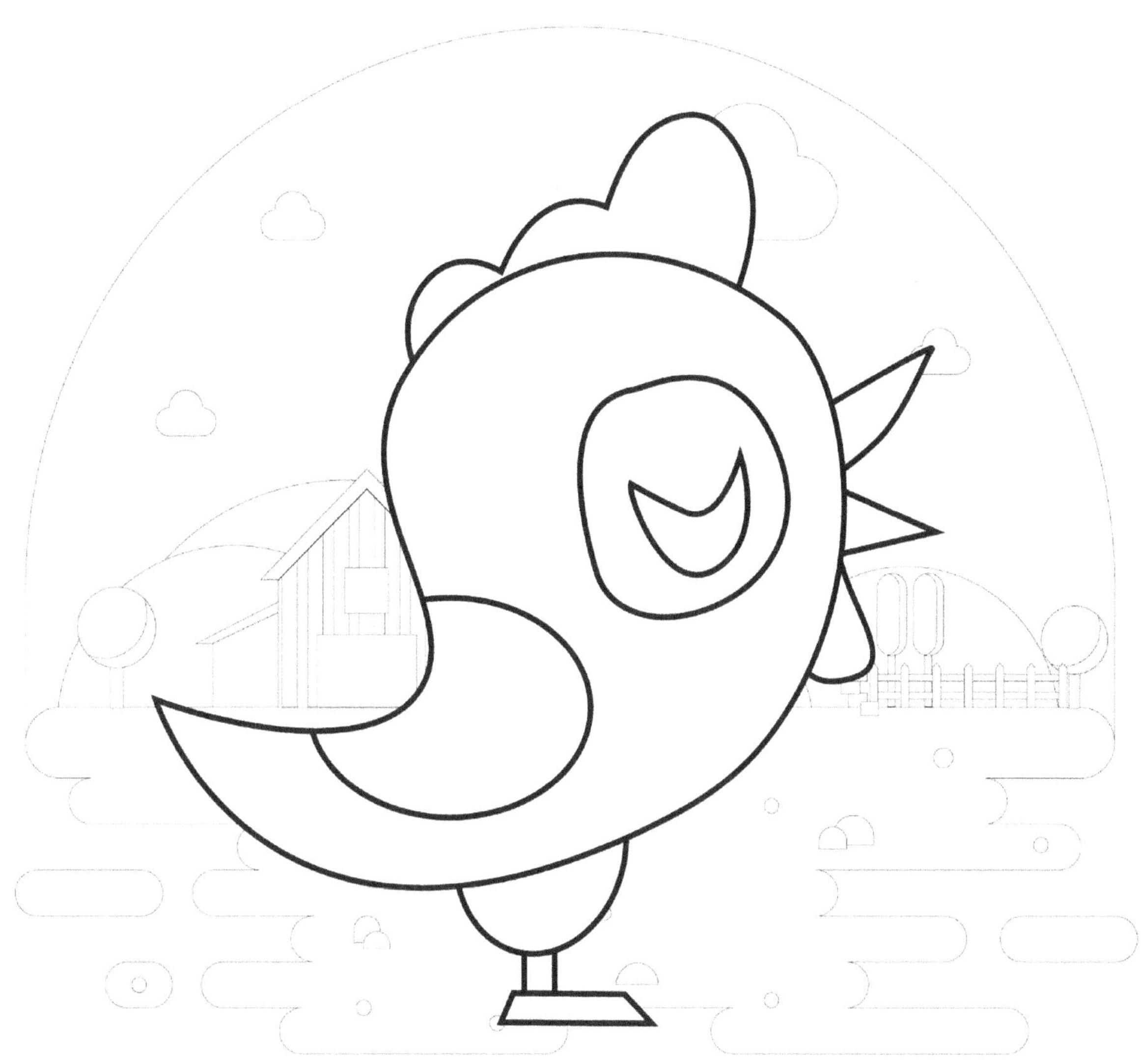

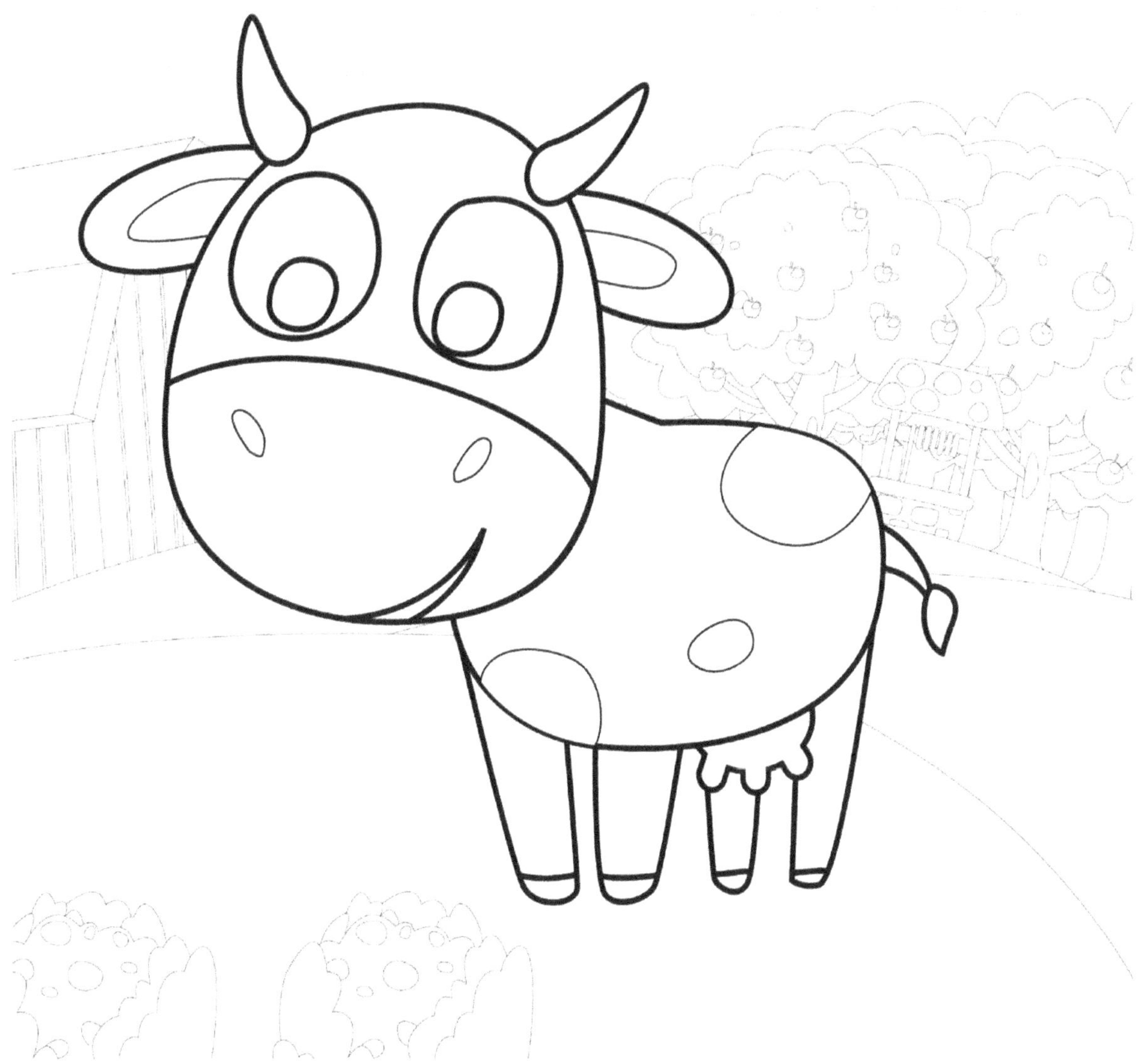

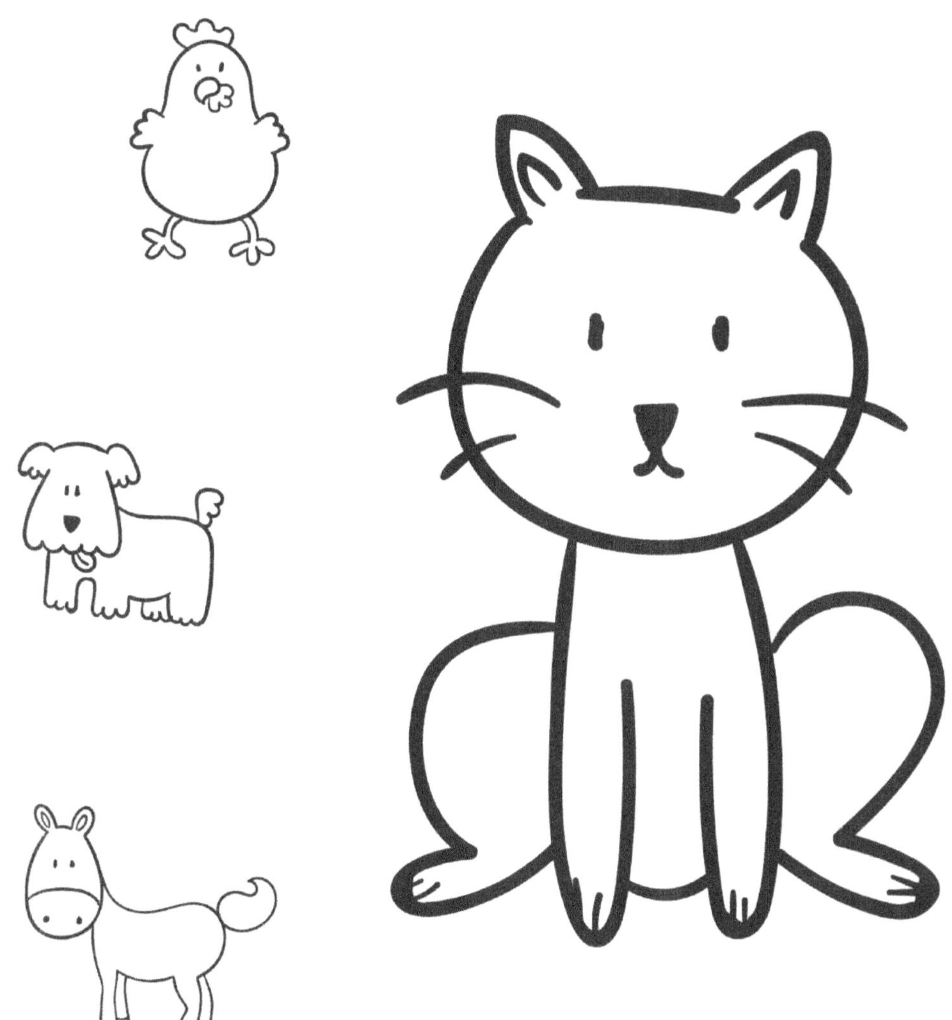

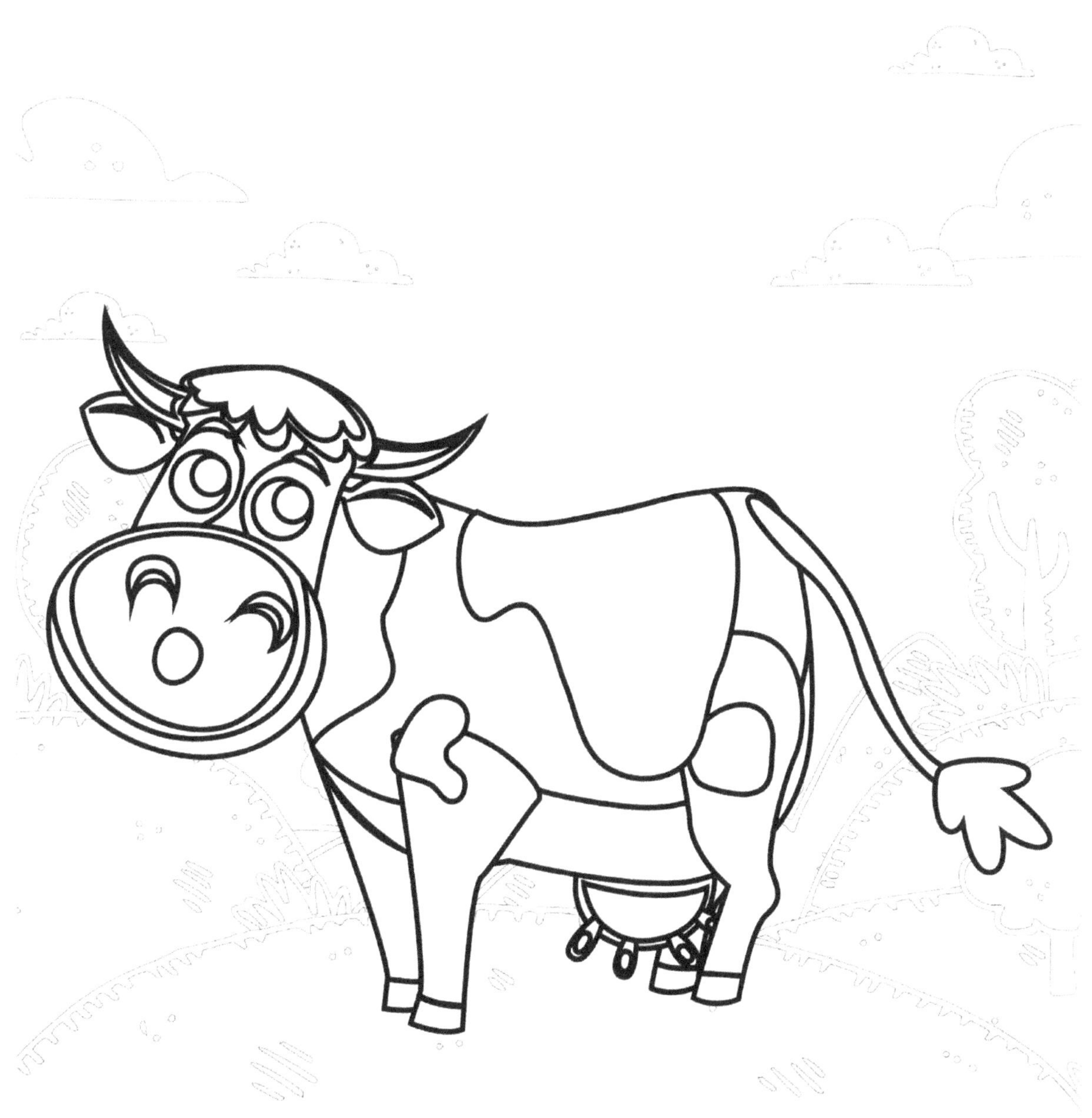

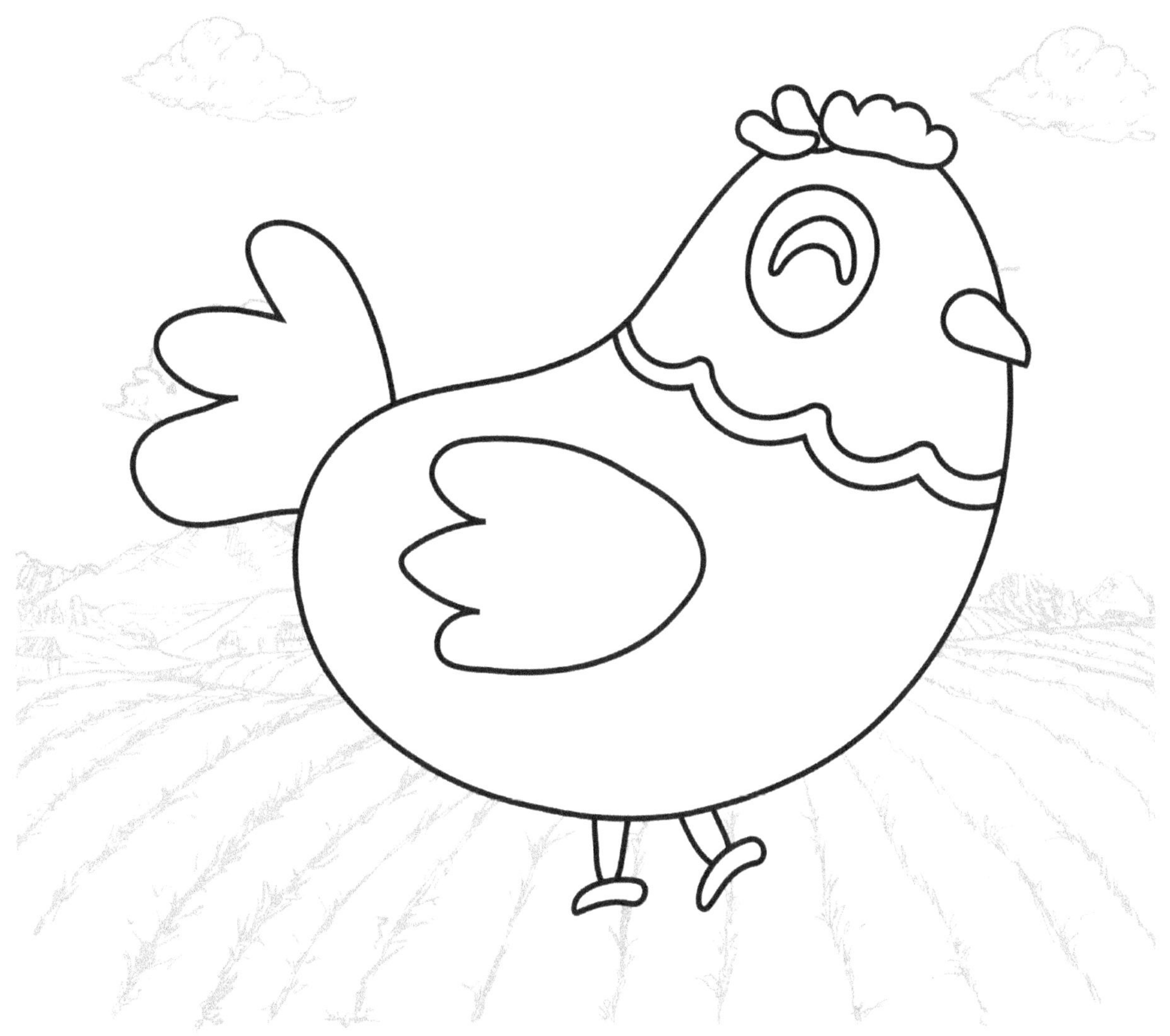

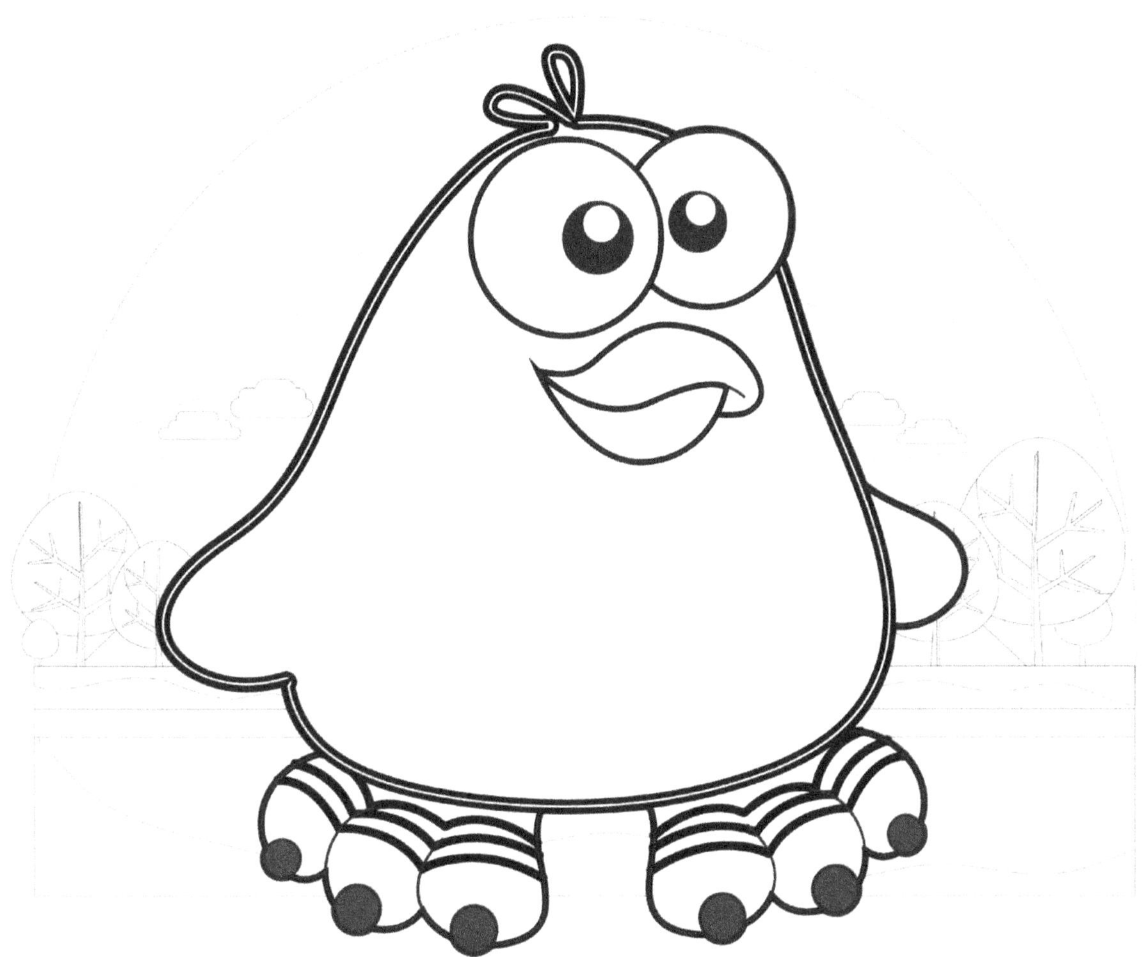

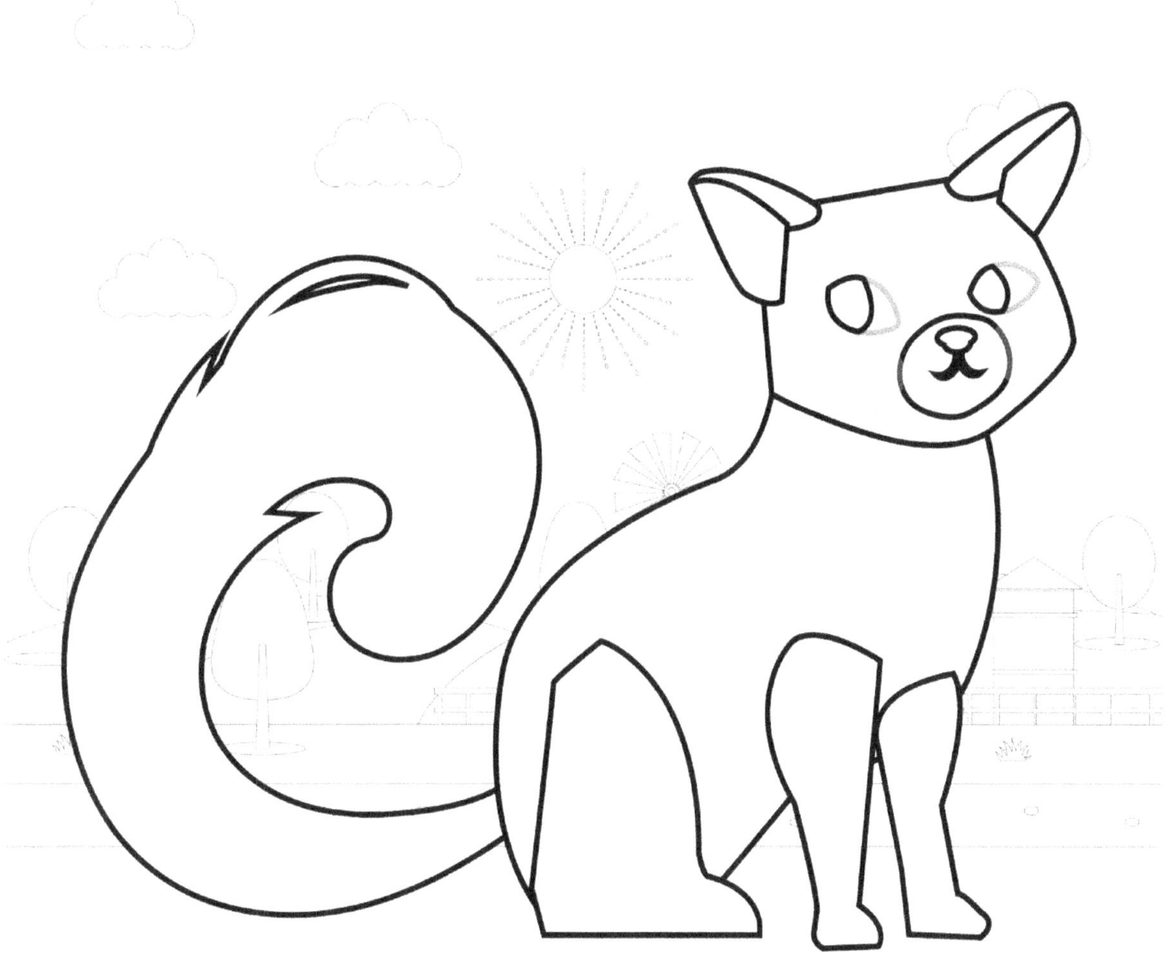

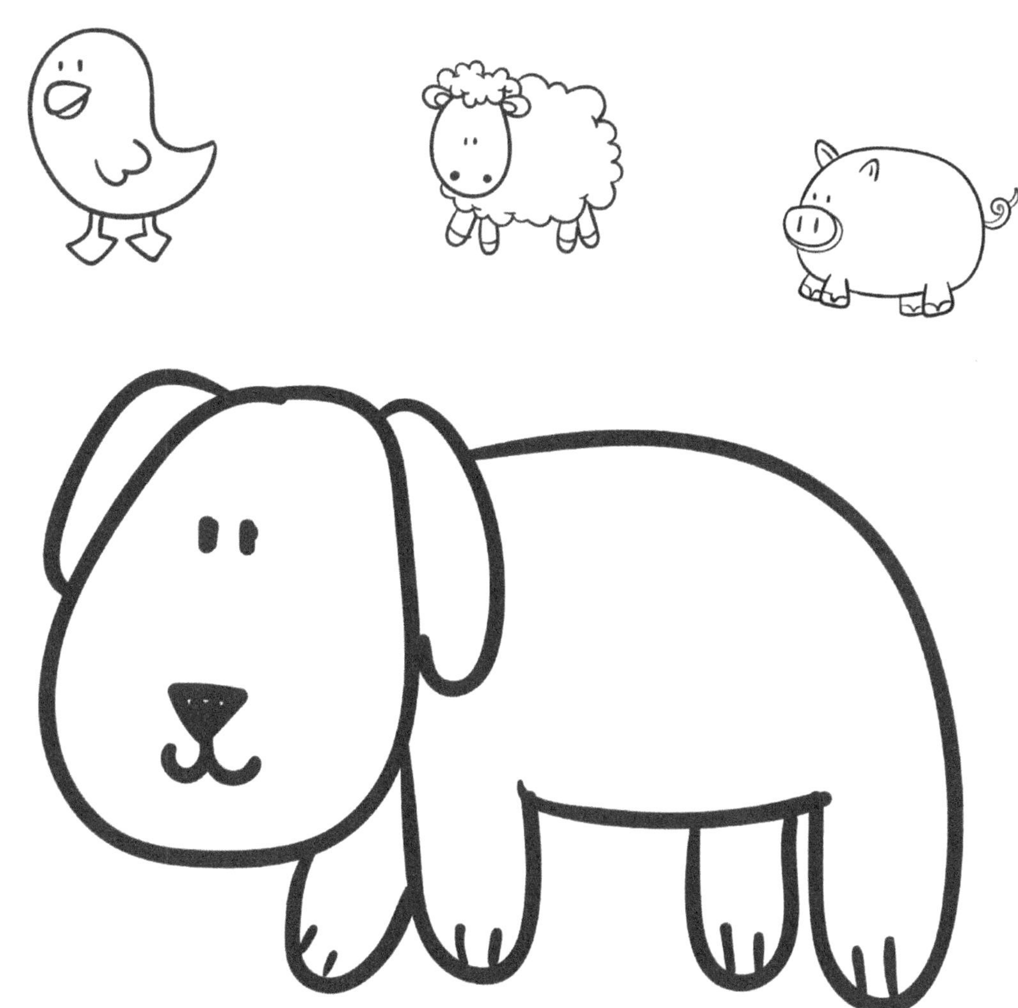

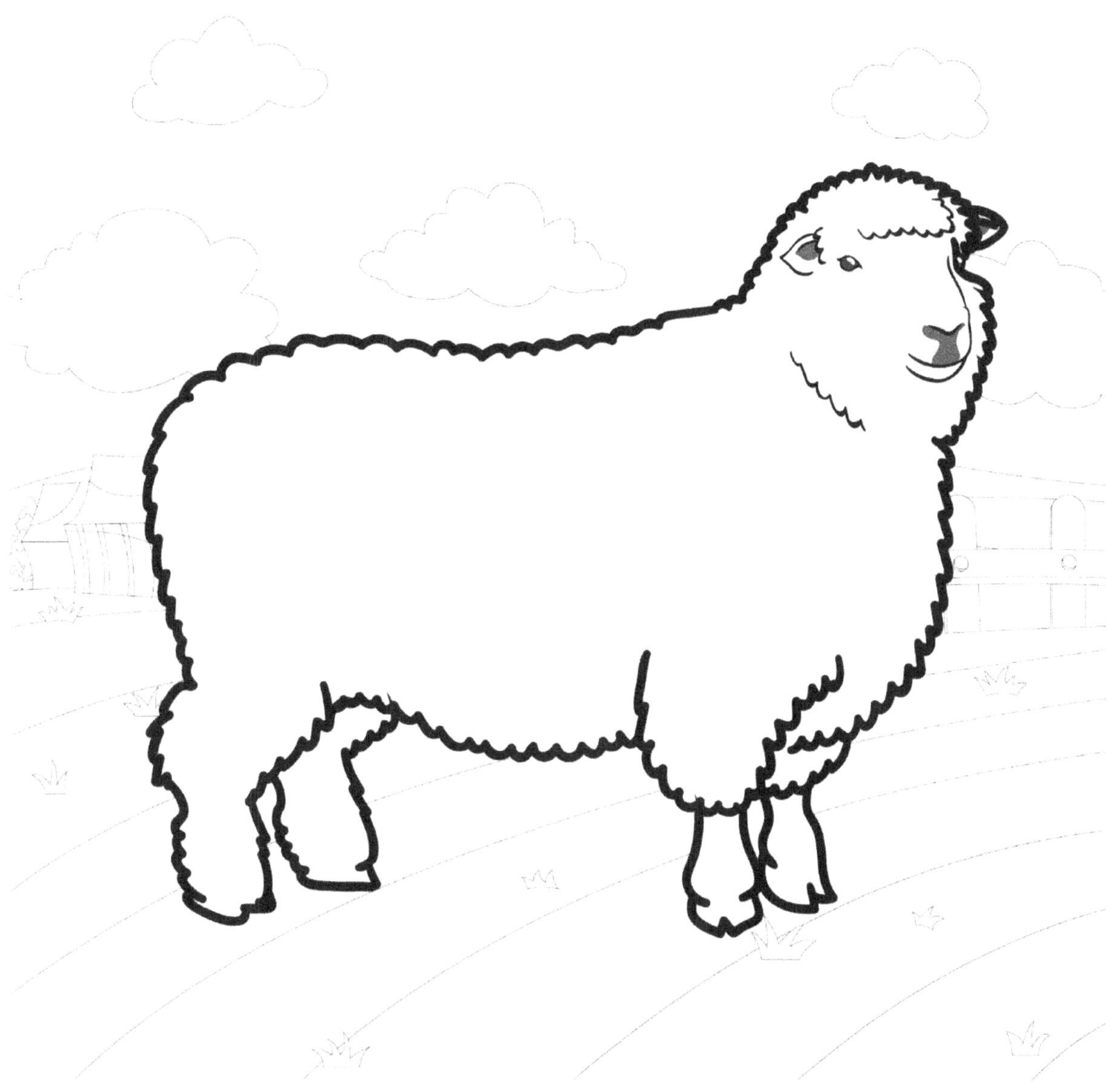

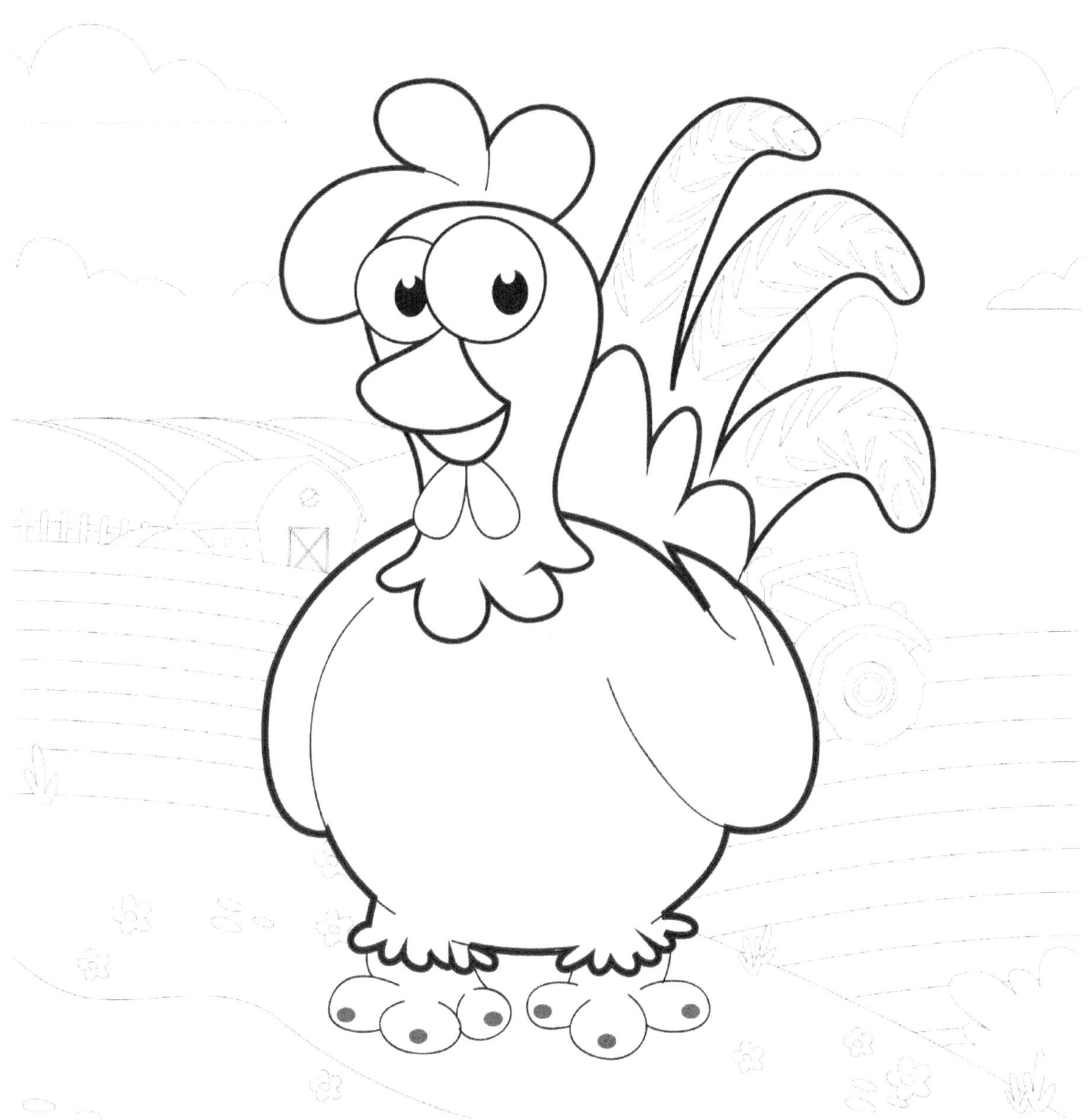

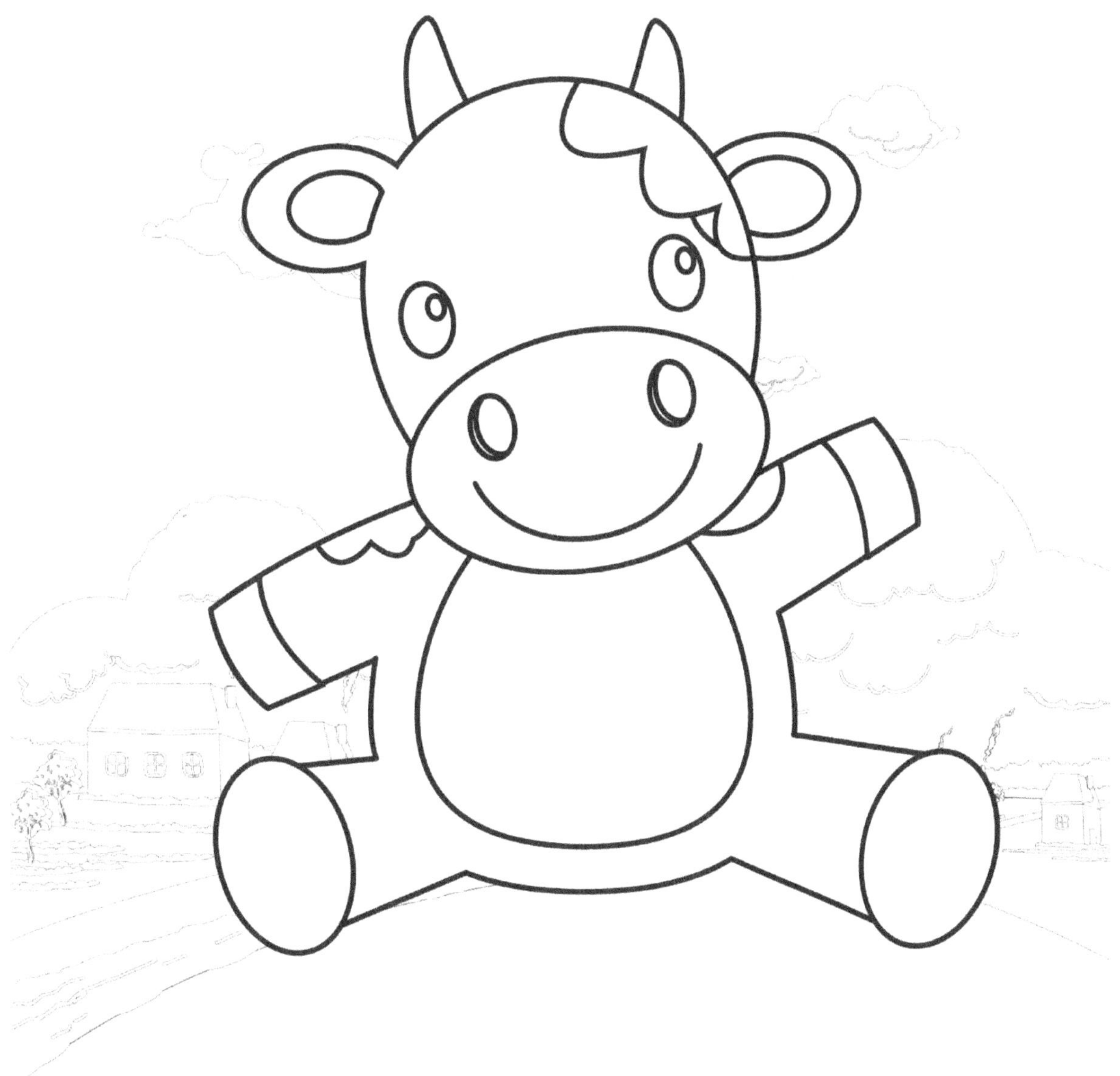

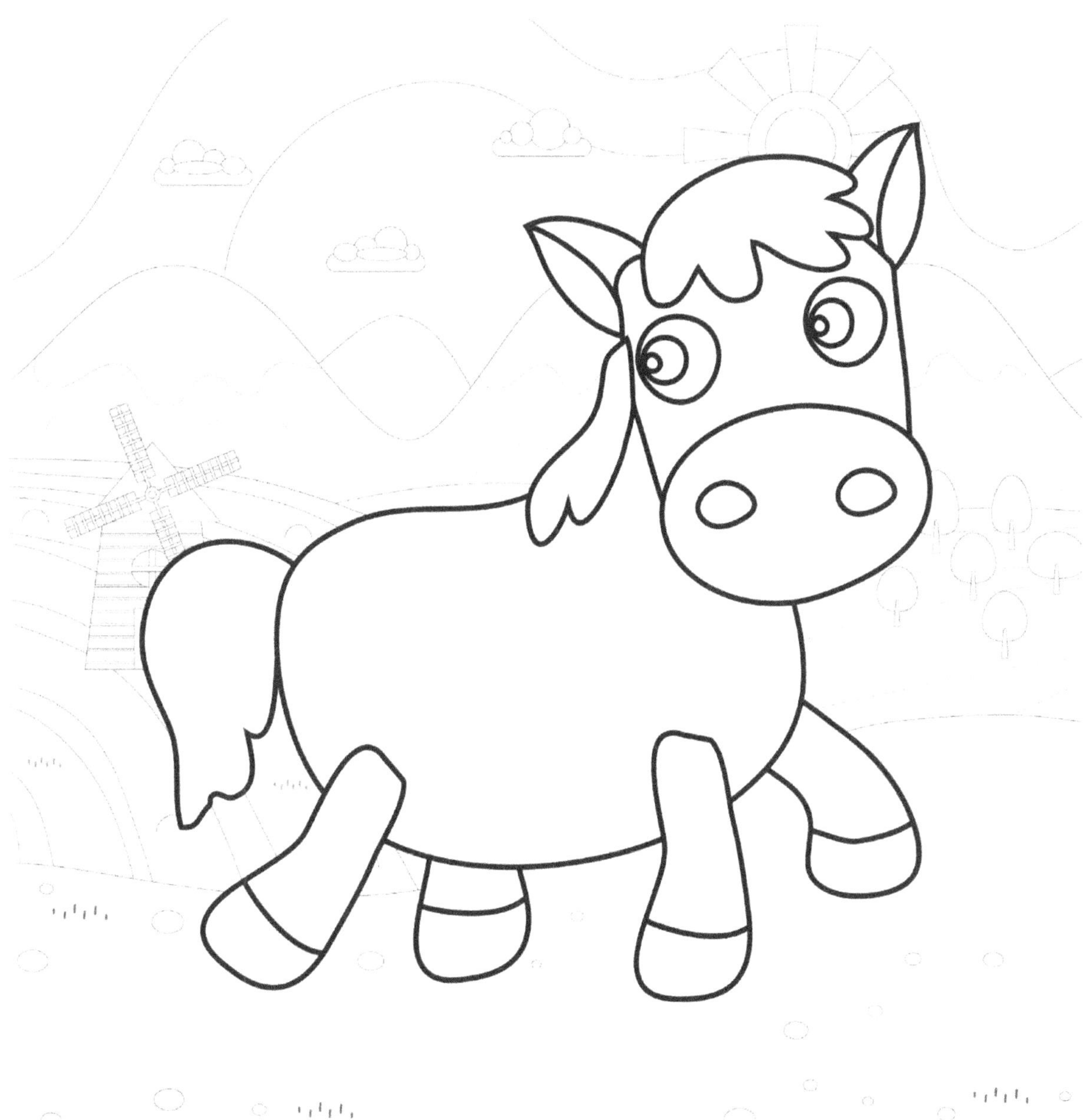

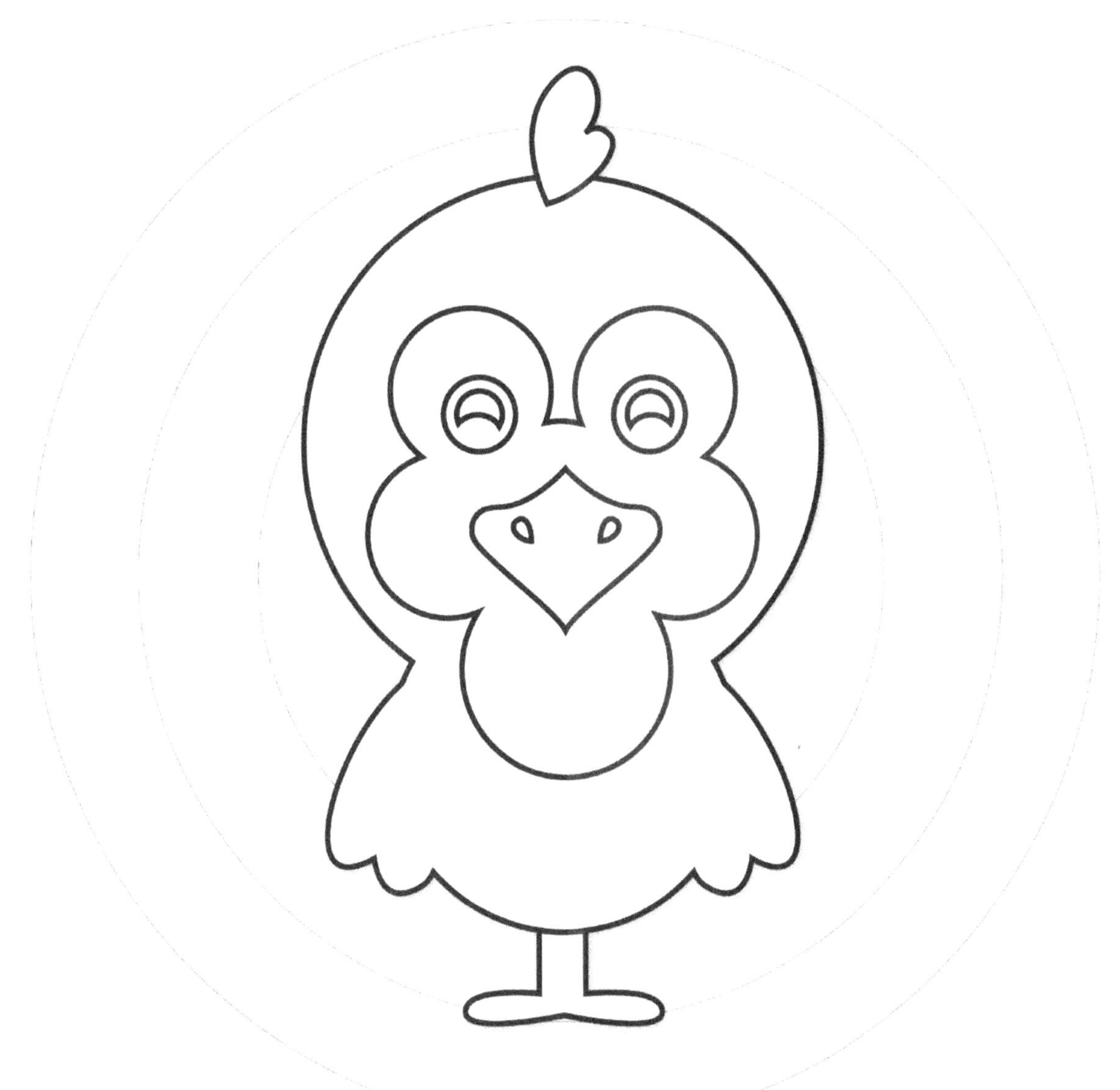

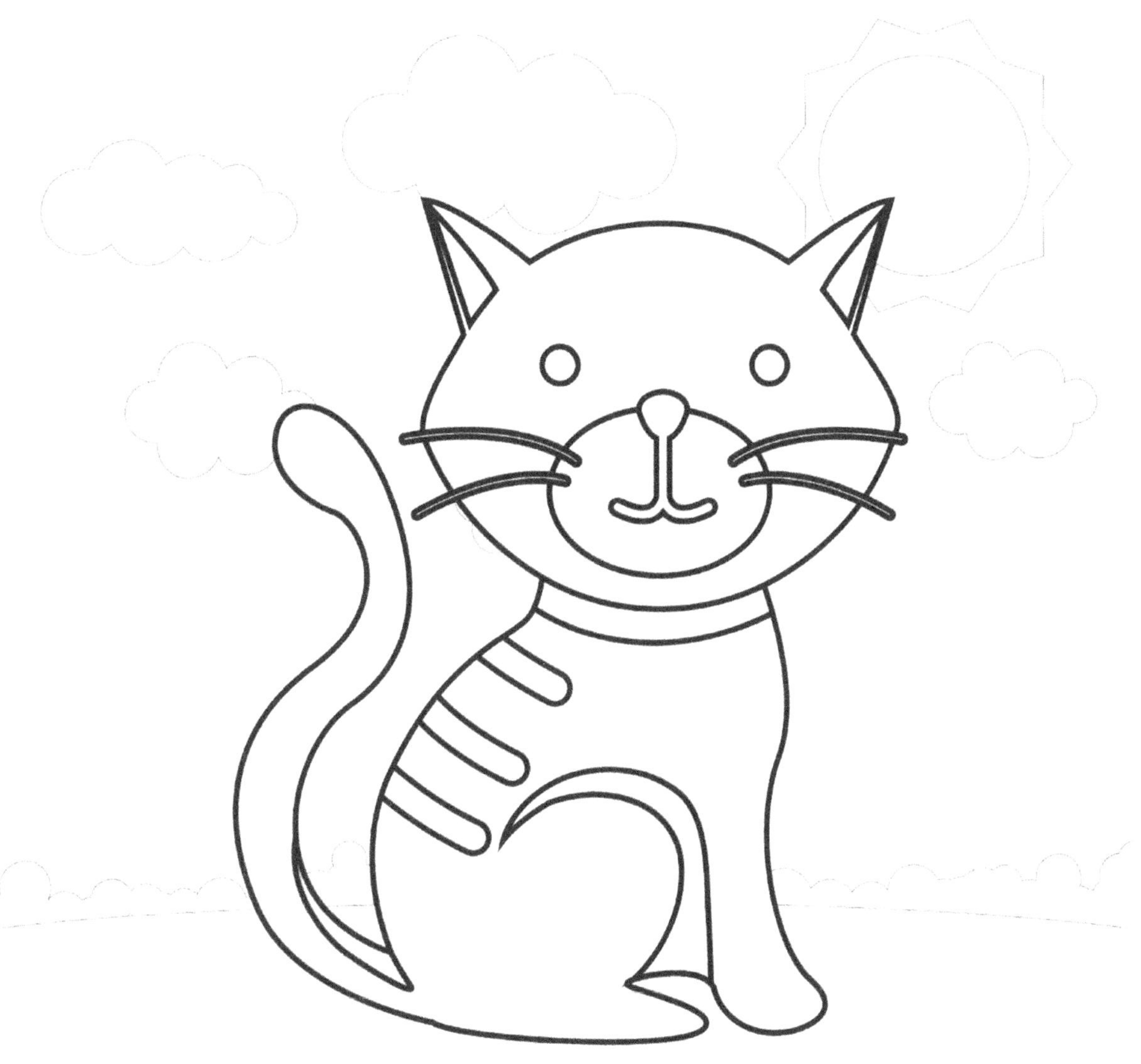

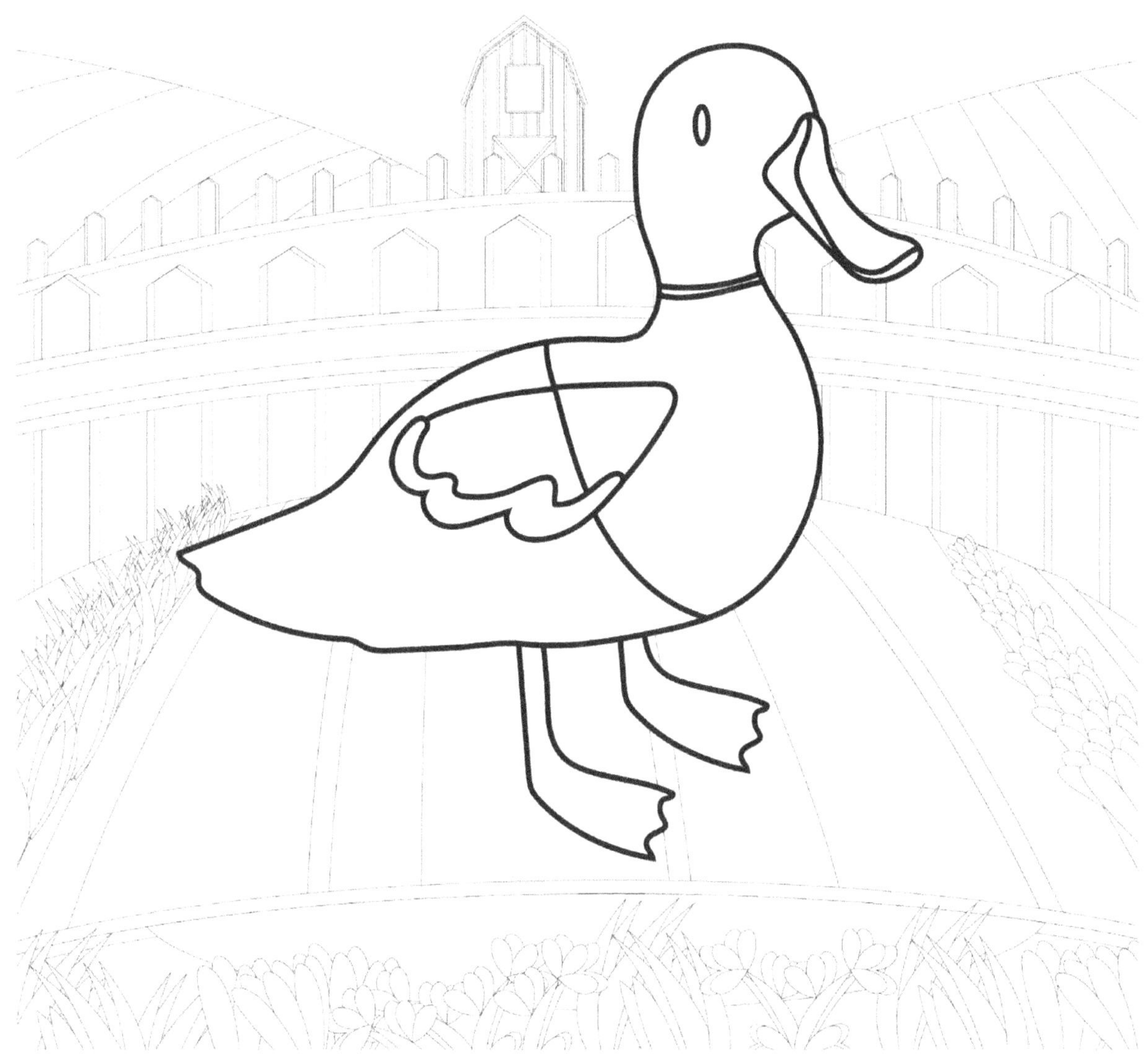

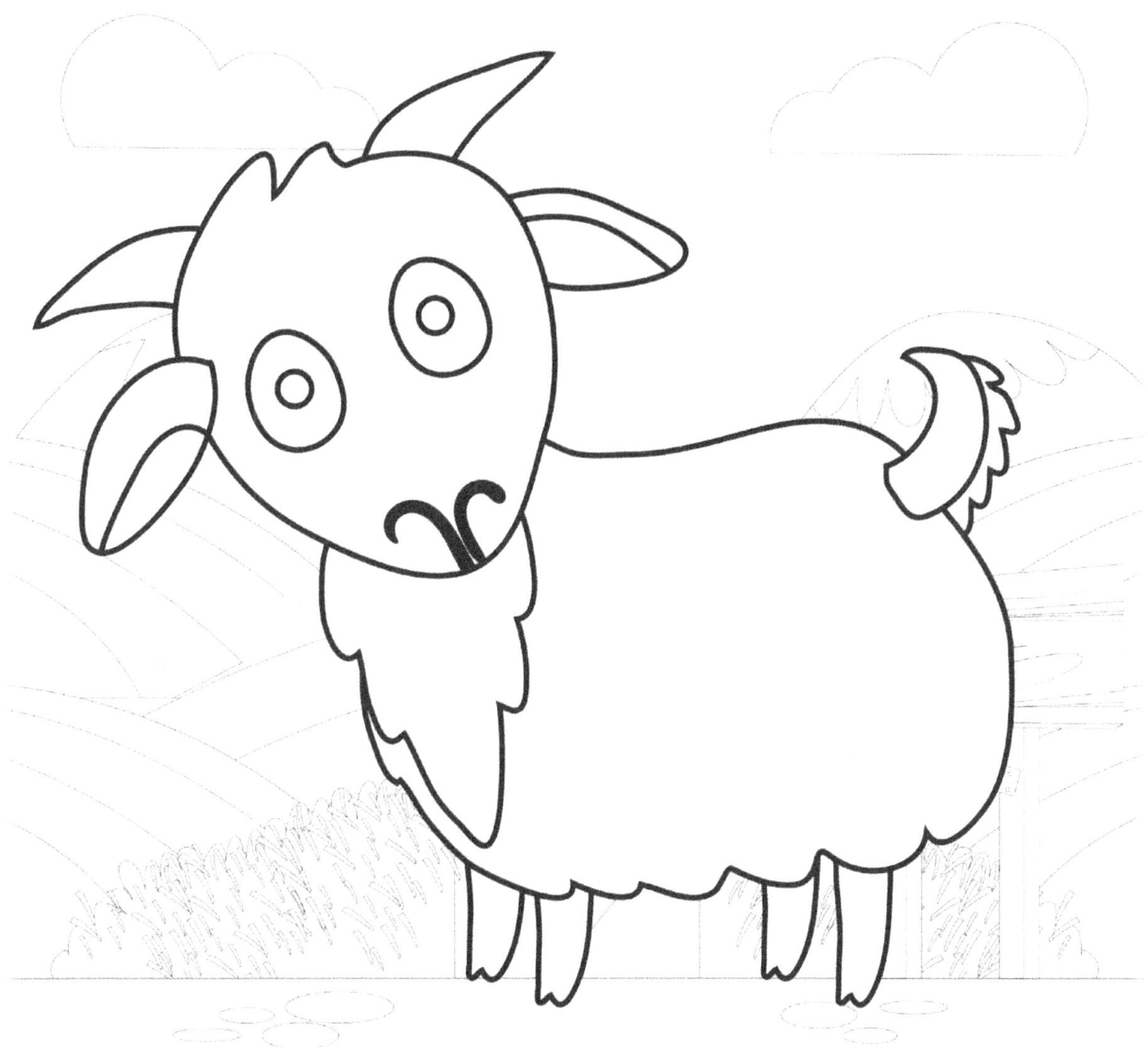

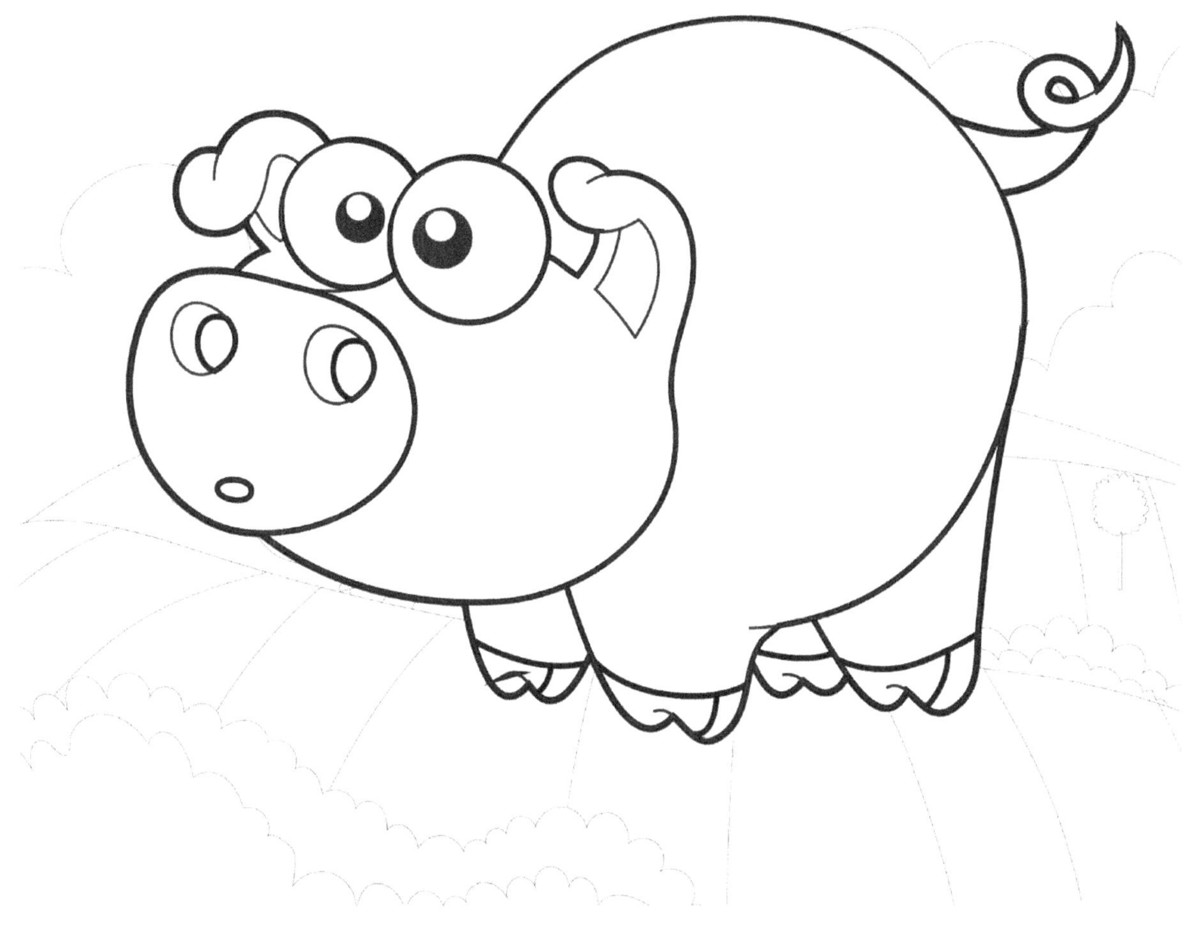

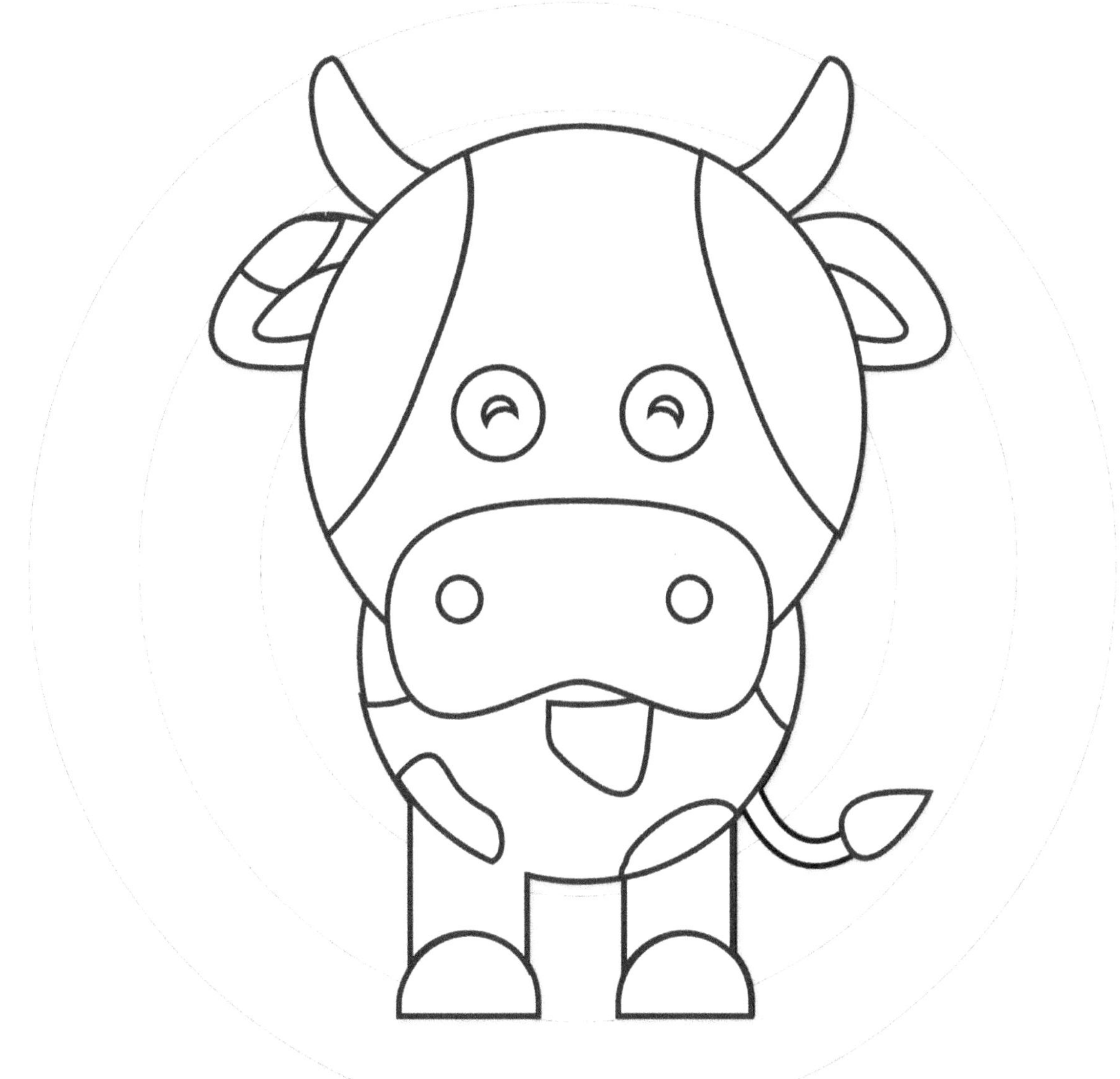

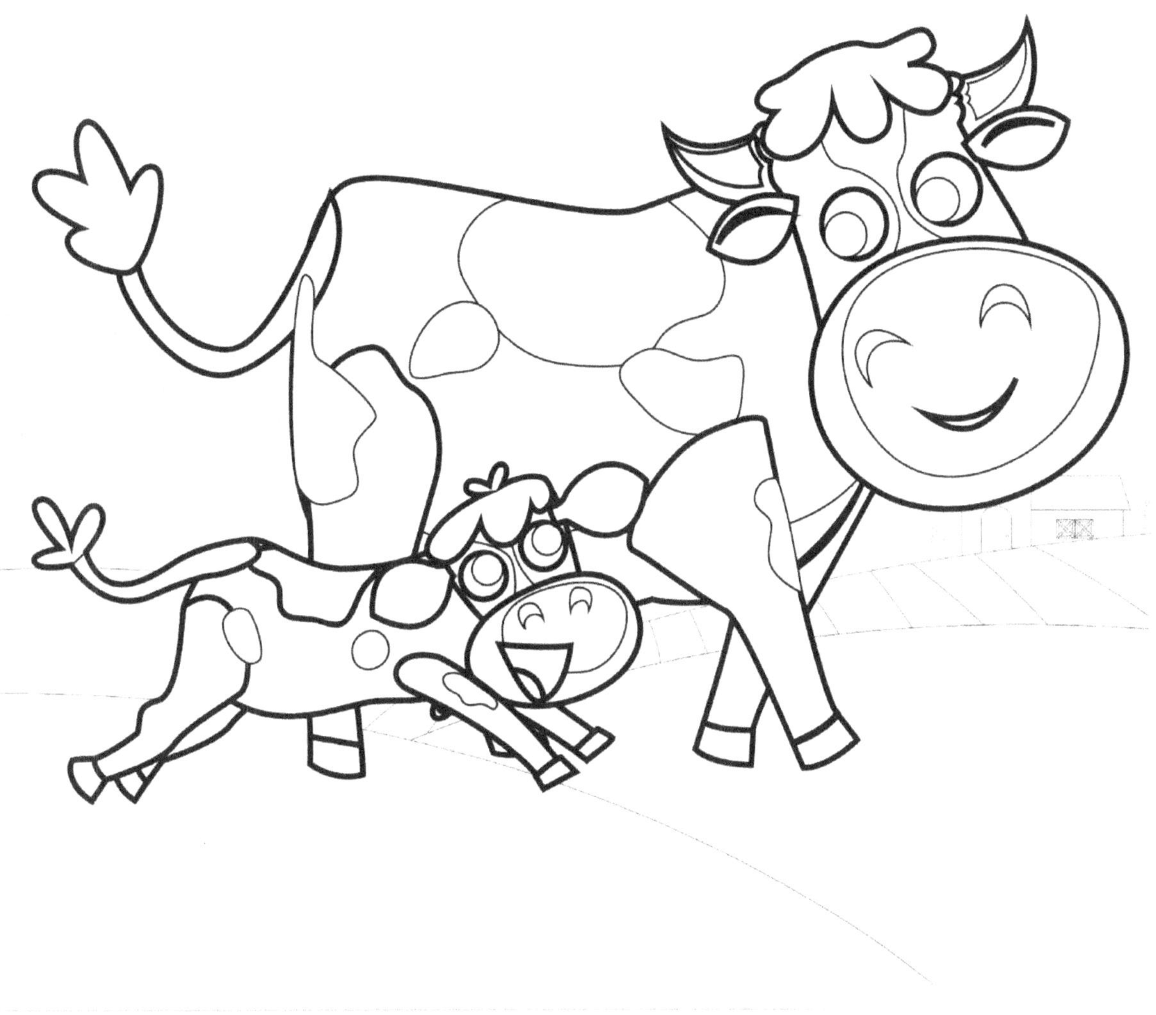

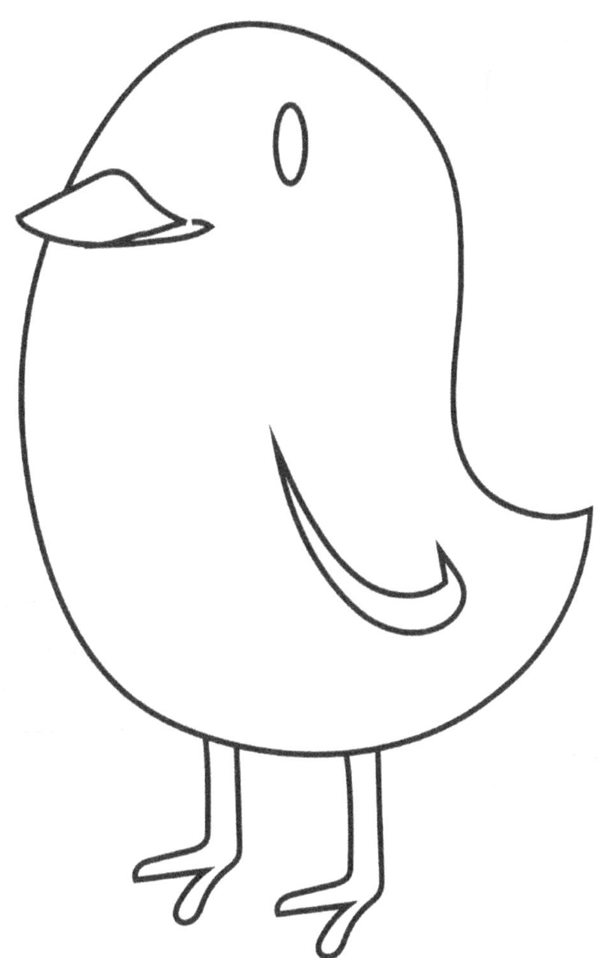

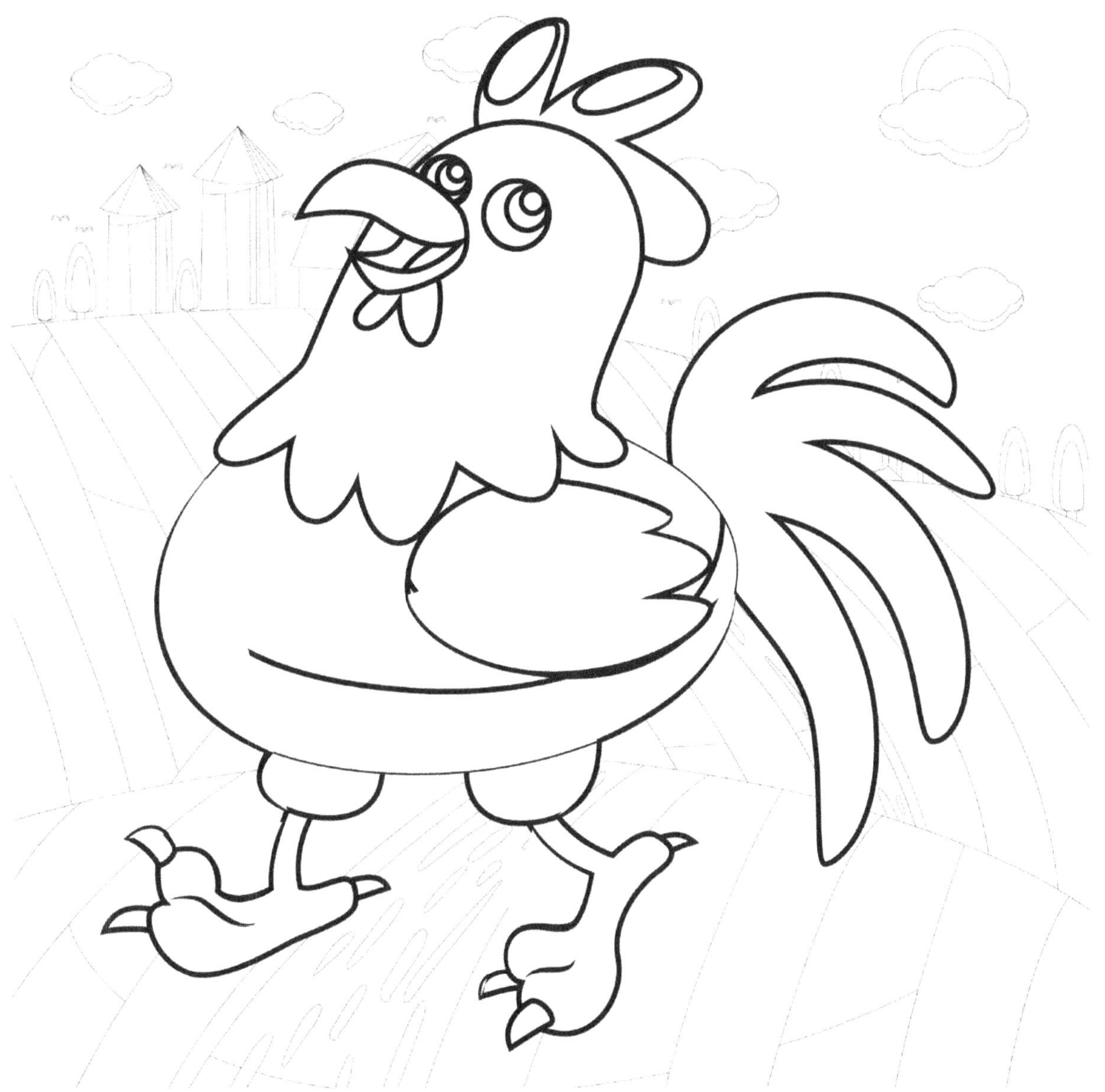

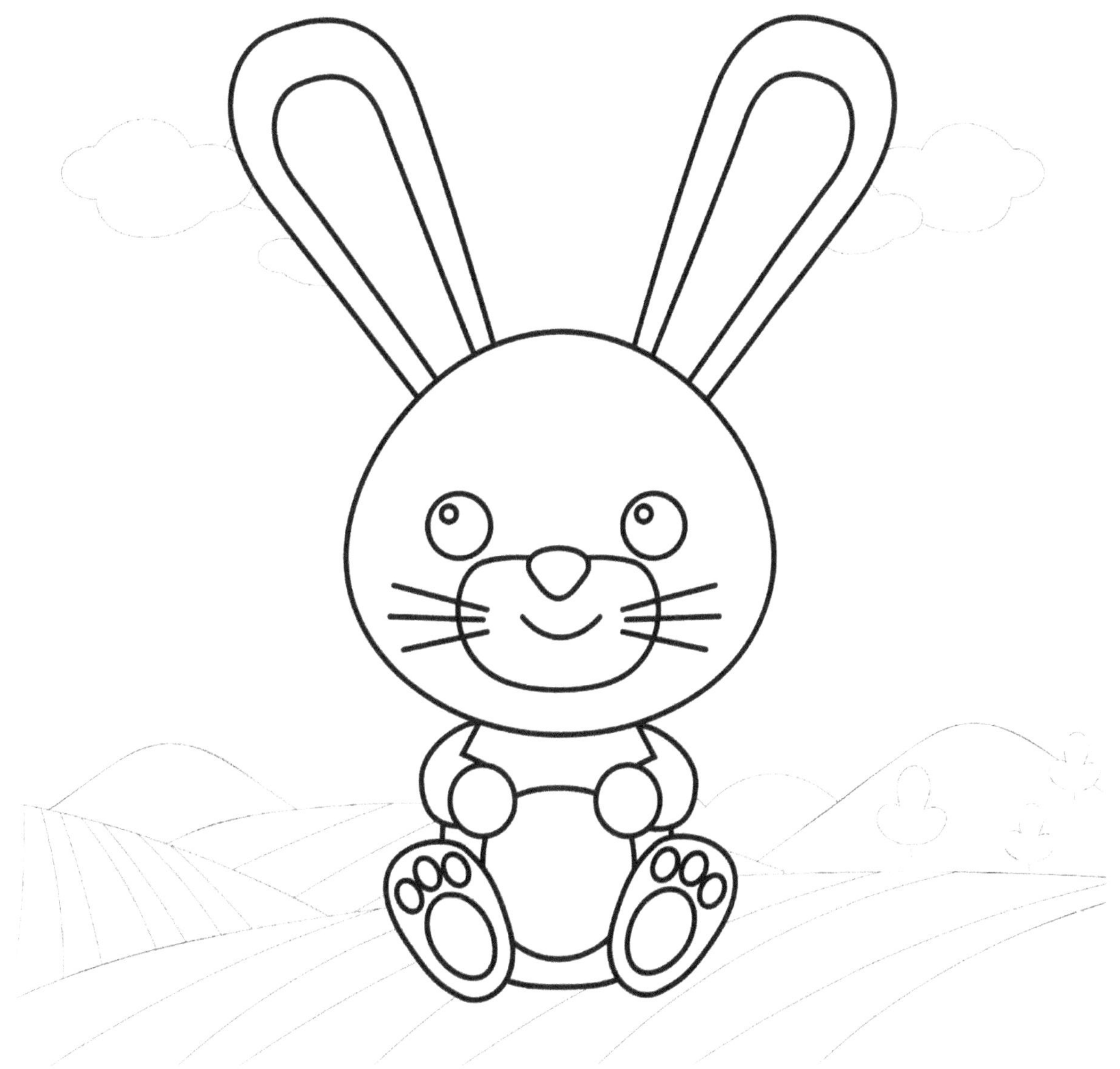

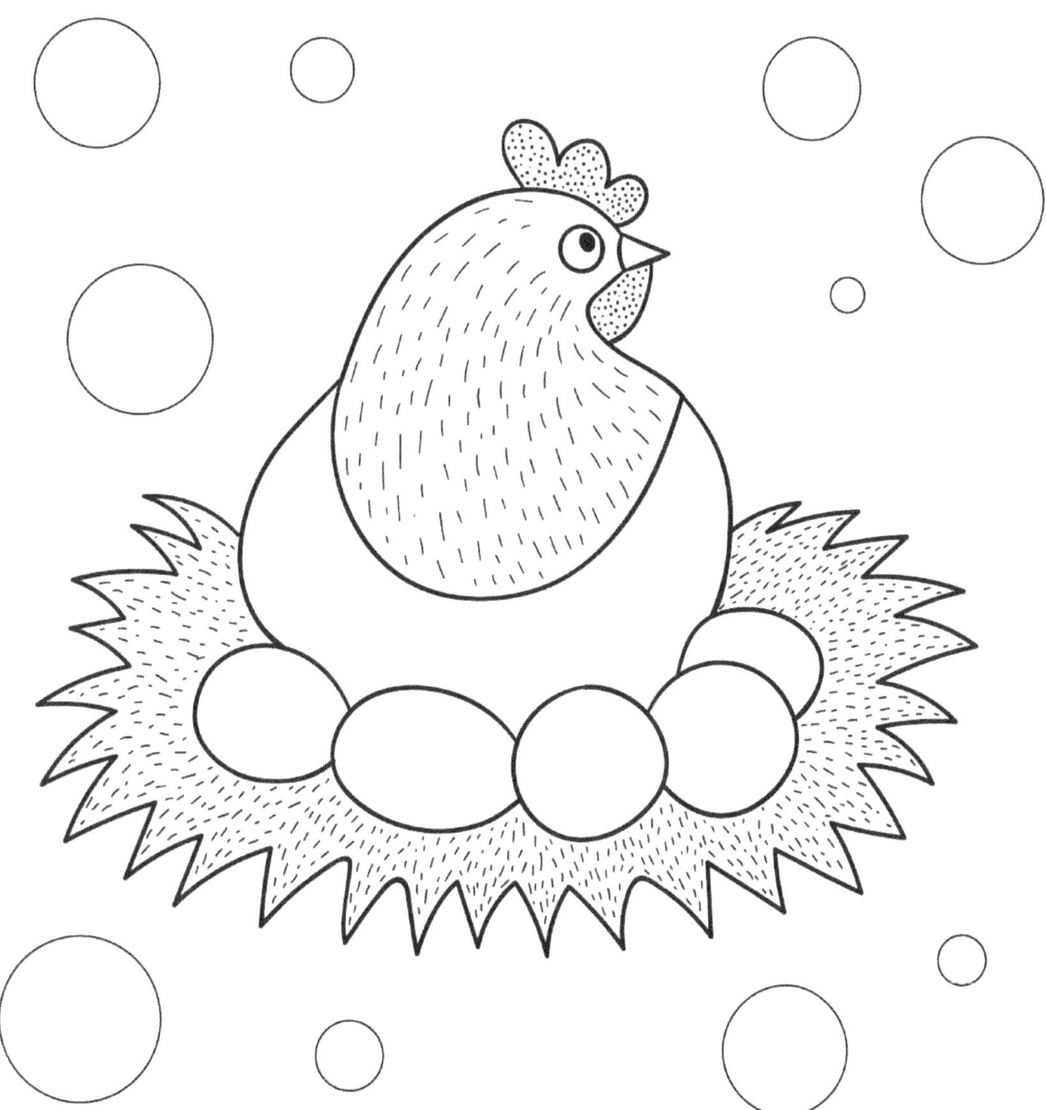

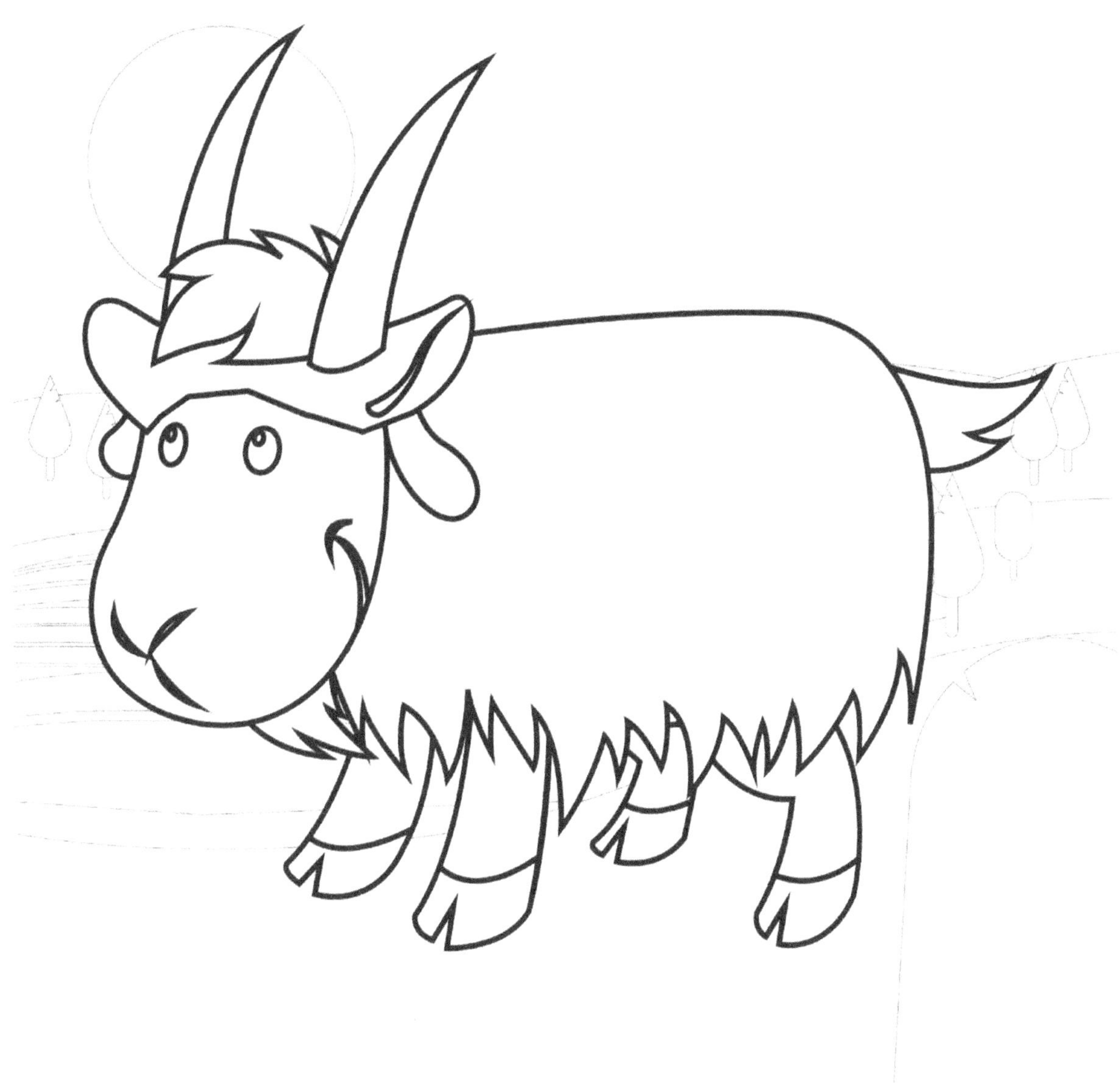

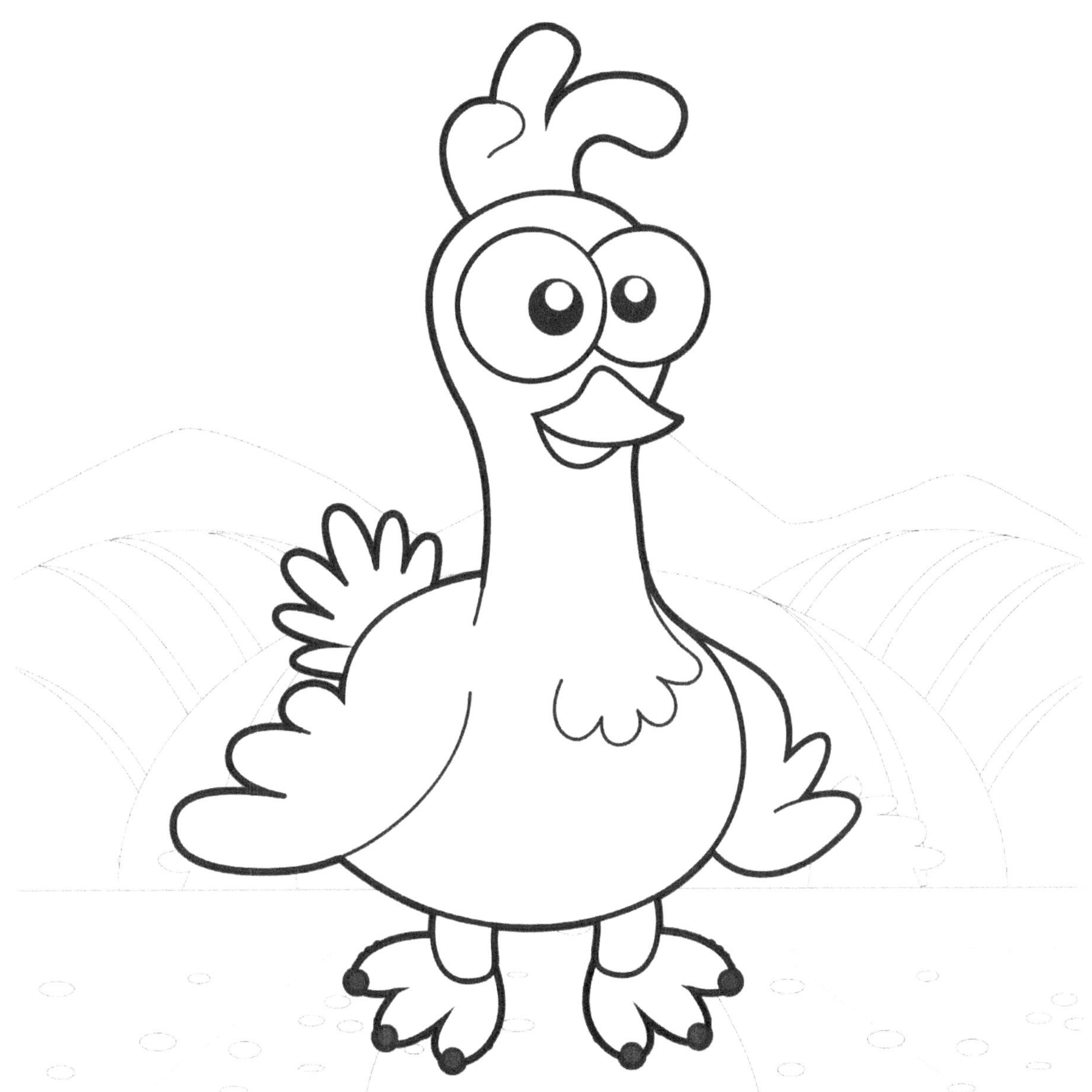

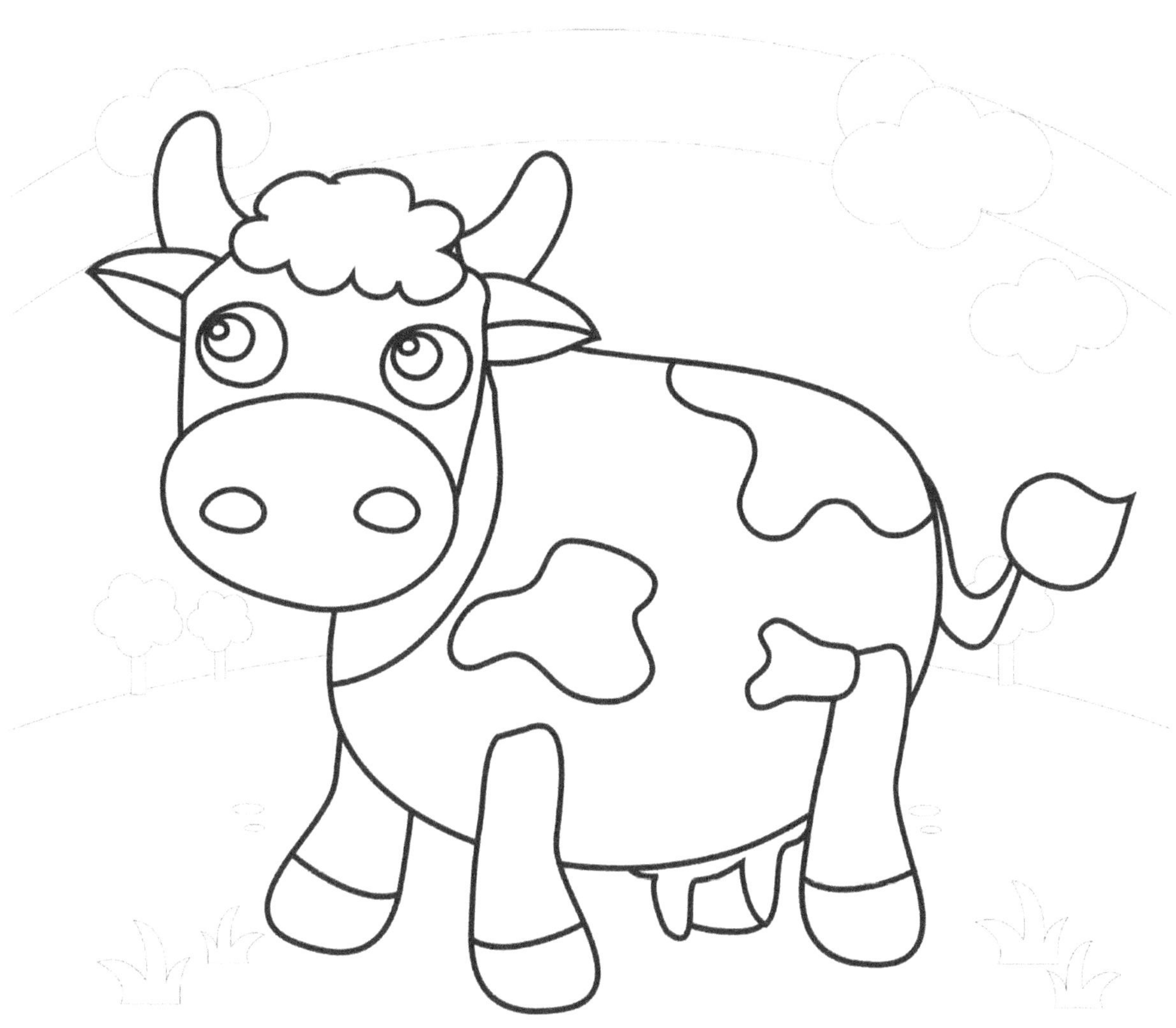

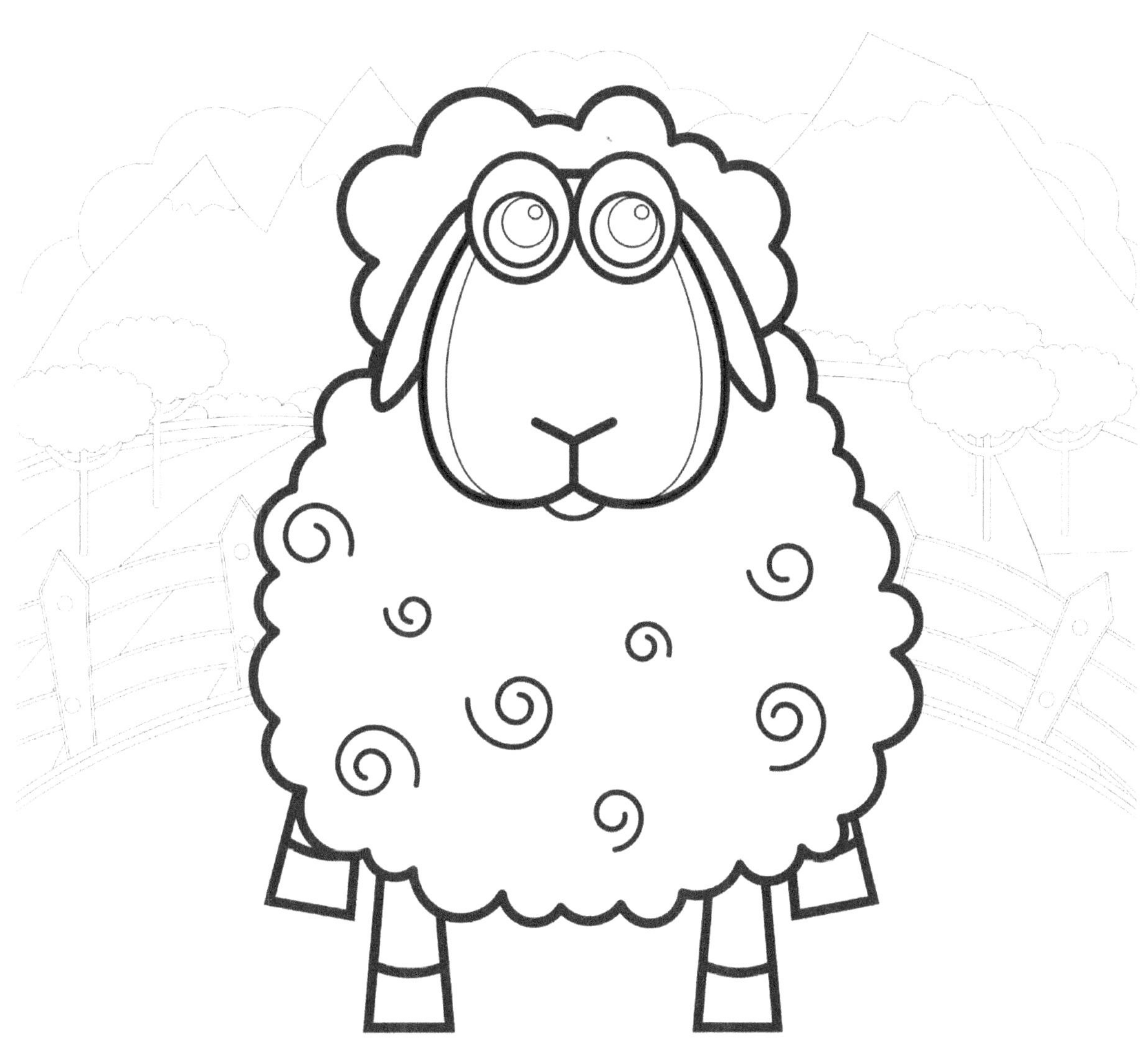

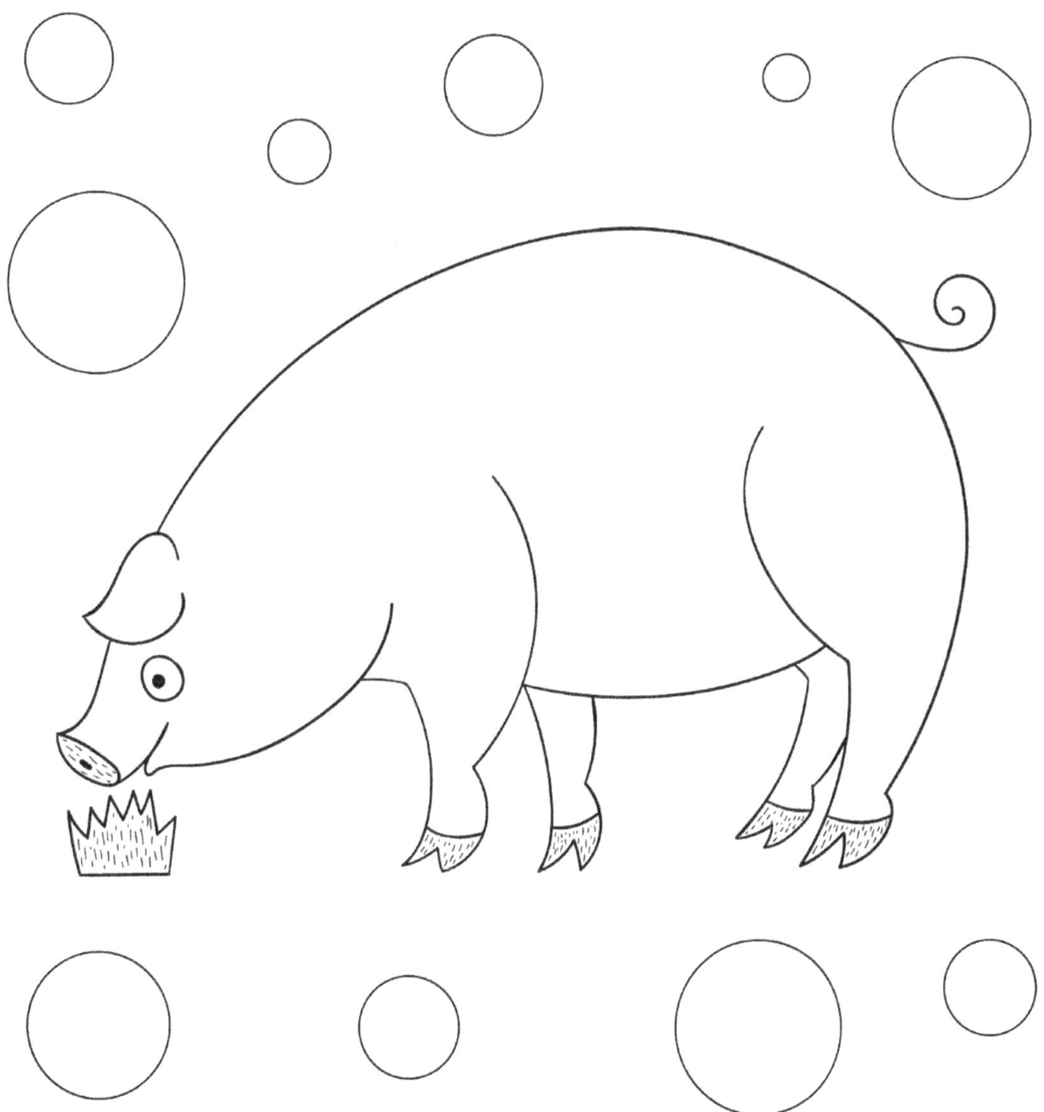